Pour être tenu au courant de nos publications,
envoyez vos coordonnées à :
info@laplage.fr
www.laplage.fr

ISBN : 978-2-84221-473-9
Conception graphique : David Cosson – dazibaocom.com
Lecture-correction : Emilie Guillemin
Toutes les photographies du livre : © Linda Louis sauf pages 11, 12, 13, 17, 49, 54, 64, 81, 101, 152, 153, 154, 156, 157, 162, 163, 175, 177, 179, 181, 189, 192, 194, 195, 203, 207, 208, 209, © Shutterstock.

Imprimé sur du papier issu de forêts gérées durablement, à Barcelone, sur les presses de Beta (ES), imprimeur labellisé pour ses pratiques respectueuses de l'environnement.

FSC MIXTE Papier FSC® C112206

Cécile Berg

Photographies de
Linda Louis

Green WASHING
fabriquer ses produits ménagers

éditions la plage

Sommaire

Vous avez dit greenwashing ?

Le titre, un peu provocateur et très second degré, de cet ouvrage renvoie au *greenwashing*, cette communication verte de certaines entreprises qui cache des pratiques peu écologiques. Il signe aussi le ton du livre : reprendre le pouvoir sur l'entretien de sa maison, ne plus se laisser abuser par certaines promesses d'efficacité.

Une maison propre et saine participe au confort, au bien-être et à la santé. Dans ce contexte, comment imaginer qu'un produit ménager comprenant des ingrédients toxiques ou corrosifs puisse conduire à une maison saine ? Il y a toujours des répercussions, qu'elles soient sur l'environnement, sur la santé ou même directement sur la maison.

Les éco-conscients se sont depuis longtemps tournés vers les produits estampillés « bio ». Il faut néanmoins constater que ces derniers sont horriblement chers. Et quand on consulte l'étiquette d'une lessive liquide, on découvre pas moins d'une vingtaine de composants. Il faut avoir au minimum un master en chimie pour comprendre le contenu de ces listes. Et pour couronner le tout, la législation n'impose pas une divulgation exhaustive et détaillée des ingrédients. Bon nombre de produits ménagers affichent crânement une composition avec, par exemple, « < 5 % agents de surface non ioniques ». Personnellement, ce sentiment de ne pas décider, de ne pas pouvoir choisir, me donne le vertige.

Les produits du commerce, malgré leur grande diversité, nous imposent un format. Ce sera une poudre, un gel, un liquide, un spray. Ne nous laissons pas leurrer. Un gel n'est bien souvent qu'un liquide avec un épaississant. Il n'est pas nécessairement plus concentré comme le laisse supposer sa texture. Quant aux liquides, ne perdons pas de vue qu'on nous vend avant tout de l'eau.

Face à un tel manque de respect de l'environnement, de la santé et du consommateur, il est possible de réagir. Fabriquer ses propres produits d'entretien, c'est se libérer des industriels, reprendre le contrôle, choisir.

Or, pour choisir, il faut comprendre. Ce livre est conçu comme un guide, avec des recettes et des clés de décryptage pour tous ceux qui veulent aller plus loin.

Passer à la vitesse supérieure

Faire le ménage prend déjà pas mal de temps, alors faire ses produits ménager... Au secours !

Oui, inutile de le cacher, ça prend un peu de temps. En fait, fabriquer ses produits d'entretien, c'est une démarche. Elle s'opère petit à petit. On commence par faire son spray anticalcaire, puis son liquide vaisselle quand la bouteille est vide, puis sa lessive...

Oui, mais ça doit être compliqué ?
Rien n'est compliqué. Au contraire, faire ses produits se révèle assez ludique et sans risque. Étape par étape, on apprend à connaître les ingrédients, leurs mécanismes d'action ; et on s'approprie les recettes.

Est-ce que ça marche ?
Si la question est de savoir si ça nettoie, oui, ça nettoie. Mais différemment. Les textures sont parfois différentes de celles auxquelles nous sommes habitués. Ça mousse moins (voir page 18), ça sent moins fort, mais ça nettoie. Petit rappel, le propre ça ne sent rien. Enfin si : le propre. À l'inverse, ce n'est pas parce que ça « sent le propre » que c'est propre. *Masquer par une odeur* n'est pas synonyme de *laver*.

Faire ses produits, d'accord, mais il faut quand même acheter les ingrédients !
Certes. La plupart se trouve en boutique bio, voire en supermarché. Quelques-uns en pharmacie ou en droguerie.
Pour commencer, il suffit de composants que vous avez sans doute déjà chez vous :
- du bicarbonate de soude
- du vinaigre blanc
- du savon (de Marseille ou noir liquide)

Combien ça coûte ?
Si on reprend la liste précédente,
- 1 kg de bicarbonate de soude : 3,50 €
- 1 l de vinaigre blanc : 2 €
- 1 savon de Marseille : 3 €

Par où commencer ?
Une recette rapide et pas chère pour venir à bout du calcaire partout dans la maison et nettoyer quasiment toutes les surfaces.

Spray express au vinaigre

Matériel et ingrédients pour un vaporisateur d'1 l :
- Un vaporisateur d'1 l
- Un entonnoir
- ½ l d'eau
- ½ l de vinaigre
- Une vingtaine de gouttes d'huile essentielle d'eucalyptus

Préparation et utilisation :
1 - Placer l'entonnoir dans le goulot du vaporisateur. Y verser l'eau puis le vinaigre et les gouttes d'huile essentielle. Agiter.
2 - Vaporiser sur la surface à nettoyer. Essuyer avec un chiffon en microfibres. Vous n'avez plus qu'à admirer le résultat !

En somme faire ses produits d'entretien c'est rusé, ludique, écologique et économique.

Avez-vous du T.A.C.T ?

T.A.C.T est l'abréviation pour **T**emps, **A**gitation, **C**himie, **T**empérature. Ce sont les quatre facteurs sur lesquels on peut jouer pour augmenter l'efficacité du nettoyage. En clair, plus longtemps on laisse agir, mieux ça lave ; plus on frotte, mieux ça lave ; plus les composants sont costauds, mieux ça lave ; plus l'eau est chaude, mieux ça lave. Simple non ?

Seulement voilà, les produits du commerce garantissent qu'il suffit d'appliquer et d'essuyer pour nettoyer. La promesse est alléchante. Qui voudrait attendre que ça agisse, frotter ou se donner la peine d'augmenter la température si ce n'est pas nécessaire ? La question se pose lorsque l'on réalise que le seul levier sur lequel ces produits interviennent, c'est la force de la chimie.

Un produit chimiquement puissant a forcément un impact, que ce soit sur l'environnement, sur la santé, ou tout simplement sur la surface sur laquelle il est appliqué. Il n'y a pas de miracle. S'en remettre exclusivement à la chimie a ses conséquences.

Dès lors que nous retournons cette observation à notre avantage, nous nous apercevons qu'il reste trois facteurs souvent négligés pour nettoyer. Il n'y a pas de fatalité. Nous avons la liberté de choisir. Certes, parfois, il faudra avoir la patience de laisser agir ; parfois - souvent - il faudra frotter ; parfois il faudra utiliser de l'eau chaude. Ce qu'il faut retenir c'est qu'il est possible de faire autrement, de ne pas tout miser sur la chimie.

Le principe se résume assez simplement. Pour une tache simple, appliquez à température ambiante et essuyez. Pour une tache plus coriace, commencez par laisser agir plus longtemps. Les réactions chimiques impliquées dans le nettoyage avec des produits doux ne sont pas instantanées. Souvent, il suffit d'attendre pour obtenir le résultat escompté et/ou d'augmenter la température pour accélérer la réaction. Pour les travaux les plus résistants, il faudra agir sur tous les facteurs : laisser agir, frotter, employer un produit un peu plus costaud ou concentré et augmenter la température.

LANOLIN
ZINKSALBE
Ungt. Zinci
BORVASELINE
Ungt. boric.
ARNIKATINKTUR
Tinct. Arnicae
MANDELOEL
Ol. Amygdal.
BENZOETINKTUR
Tinct. benzoes
MYRRHENTINKTUR
Tinct. Myrrhae
UNTERSCHWEFLIG-
SAURES NATRIUM
Natr. hyposulfur.
BORSÄURE
PULV.
Acid. boric. pulv.
WEINSTEINSÄURE
CRYST.
Acid. tartar. crist.
MILCHZUCKER
Sacchar. Lactis
ZITRONENSÄURE
PULV.
Acid. citric. pulv.
DEST.
WASSER
Aq. destillat.
FEINSPRIT
Alcohol rect.
ROSMARINGEIST
Spir. Rosmarin.
LÖFFELKRAUT-
SPIRITUS
Spir. Cochlear.
HAAROEL
Ol. Capillor.

S'organiser

Les précautions

Même si les ingrédients sont pour la plupart a priori inoffensifs, quelques précautions s'imposent :
- Manipuler les produits avec des gants de ménage, qui portent bien leur nom !
- Ne pas respirer à pleins poumons, même pour s'enivrer de la bonne odeur des huiles essentielles.
- Tenir hors de la portée des enfants.
- Utiliser des ustensiles dédiés.
- Stocker au sec.
- Étiqueter les produits : indiquer le contenu et la date d'ouverture.
- Ne pas verser de l'eau dans l'acide mais l'acide (vinaigre, acide citrique) dans l'eau.

Le matériel

Pour réaliser les recettes du livre, il vous faudra :
- Des chiffons en microfibres, de toutes les tailles et de toutes les couleurs. J'utilise un code couleur pour les différentes pièces. Je sais, je suis une *control freak*.
- Des vaporisateurs. On en trouve de jolis et pas chers mais on peut tout aussi bien recycler les vaporisateurs usagés. Demandez à votre entourage de les conserver.
- Des bidons et bouteilles de différentes contenances. Même conseil que pour les vaporisateurs.
- Des pots en verre.
- Des brosses, plus ou moins dures, y compris des brosses à dents.
- Des éponges, végétales, s'il vous plaît !
- Un seau, une ou deux bassines.
- Une casserole, un bol, un saladier pour préparer les mélanges.
- Une rape.
- Une raclette.
- Des balles de golf.

Des clés pour comprendre

Le calcaire

Le calcaire tout le monde sait ce que c'est. Ce sont les traces blanches dans l'évier en inox. Sûr ? Ce n'est pas plutôt le tartre ?

Les puristes diront que le calcaire désigne les roches sédimentaires alors que le tartre caractérise le dépôt qui se forme, entre autres, dans les canalisations. Les deux sont principalement composés de carbonate de calcium et de magnésium. On parle d'eau calcaire.

Le tartre se forme par précipitation d'ions, notamment les ions calcium Ca^{2+} et magnésium Mg^{2+} avec les ions hydrogénocarbonate HCO_3^-. Ces ions sont solubles dans l'eau dans certaines conditions de température, de pH et de concentration. Quand l'un ou l'autre de ces paramètres change, les ions précipitent (sous forme solide) pour former du carbonate de calcium selon l'équation :

$$Ca^{2+} + 2\,HCO_3^- <=> CaCO_3 + CO_2 + H_2O$$

La précipitation (et donc la formation de tartre) est plus importante quand la température est élevée. C'est pour cela que les résistances des bouilloires électriques ou des machines à laver se couvrent rapidement d'un dépôt calcaire.

L'eau calcaire n'est pas dangereuse pour la santé. Toutefois, les dépôts de tartre, non seulement ne sont pas esthétiques, mais surtout le calcaire assèche la peau, rend le linge rêche, diminue l'efficacité du savon et des lessives.

On peut se débarrasser du tartre avec des acides. Les ions oxonium H_3O^+ des acides réagissent avec les ions hydrogénocarbonate selon la réaction :

$$H_3O^+ + HCO_3^- <=> CO_2 + 2\,H_2O$$

Cette réaction « consomme » des ions hydrogénocarbonate qui ne sont plus disponibles pour former du calcaire. Il faut garder en tête que plus le dépôt est ancien, plus il sera difficile de s'en débarrasser. La meilleure façon de se débarrasser du tartre, c'est donc d'éviter qu'il ne se forme en adoucissant l'eau.

L'eau dure

Non, franchement, qui a eu l'idée d'un nom pareil. *L'eau dure?* Les plus initiés sauront que l'inverse de « eau dure » n'est pas « eau facile » mais « eau douce ». Et ceux qui croient que « eau douce » s'oppose à « eau salée » ont raison, mais dans un autre contexte que celui que nous explorons ici.

La dureté de l'eau mesure la concentration en cations dans l'eau, principalement les ions calcium Ca^{2+} et magnésium Mg^{2+}. La valeur, ou titre hydrotimétrique (TH), s'exprime en degré français (°f). Le terme « eau dure » vient du fait que le savon est « dur à faire mousser » dans une eau fortement minéralisée.

Pourquoi ?

Le savon, comme la plupart des détergents, se présente sous la forme d'une paire ionique entre un acide gras anionique et un ion sodium ou potassium. La liaison entre l'anion des acides gras et les ions sodium est faible. Dans une eau dure, il y a une forte concentration d'ions calcium. Un échange se produit entre les ions sodium et les ions calcium. La paire acide gras - ion sodium se transforme en une paire acide gras - ion calcium, insoluble, qui précipite en savon calcaire. Non seulement il y a moins de savon pour nettoyer mais en plus le savon calcaire peut se déposer et laisser un voile gris. Donc, plus l'eau est dure, moins les détergents sont efficaces.

Ainsi, une eau dure rend le nettoyage plus difficile. Le linge est terne et rêche. La robinetterie est couverte d'un film blanchâtre. La vaisselle n'est jamais étincelante.

Il existe des techniques, notamment celles employant des résines échangeuses d'ions, pour adoucir directement l'eau du robinet.

À défaut d'un tel système, on peut renforcer l'efficacité des détergents maison en utilisant des cristaux de soude. Les cristaux de soude, ou carbonates de sodium Na_2CO_3, sont solubles dans l'eau. L'ion carbonate ainsi libéré réagit avec les ions calcium et magnésium de l'eau dure pour former des composés insolubles qui précipitent. La réaction suivante illustre le principe :

ions calcium + carbonate de sodium → carbonate de calcium + ions sodium

$$Ca^{2+}(aq) + Na_2CO_{3(aq)} \rightarrow CaCO_3(s) + 2Na+(aq)^*$$

*(aq) = eau

Il en résulte une baisse de la concentration des ions calcium et magnésium en solution. L'eau est moins dure. Le savon sera plus efficace.

Le pH

Le pH se prononce « P - H » et non pas « f ». On a tous entendu parler de pH neutre d'un produit cosmétique, sans trop savoir à quoi cette neutralité faisait référence.

Le pH désigne le potentiel hydrogène, c'est-à-dire la concentration en ion oxonium H^+ dans une solution. Il s'étale sur une échelle allant de 0 à 14. Un pH égal à 7 correspond à une solution neutre, c'est le cas de l'eau pure. Un pH inférieur à 7 désigne une solution acide et un pH supérieur à 7 désigne une solution basique.

Le pH est une échelle logarithmique. Cela veut dire qu'une solution de pH 3 est cent fois plus acide qu'une solution de pH 5. De cette échelle naît le concept d'acide fort et d'acide faible.

Il faut retenir que, si les acides ont mauvaise presse et font peur, les bases fortes sont souvent bien plus dangereuses.

Acides et bases se neutralisent quand on les mélange. La réaction d'un acide avec une base peut être violente.

Pour référence, on notera que la peau humaine a un pH moyen de 5 à 6, donc légèrement acide, alors que le savon a un pH de 9 à 10, donc franchement basique.

Les composés basiques utilisés dans ce livre sont : le bicarbonate de soude, les cristaux de soude, la soude, le borax, le savon, le percarbonate de soude.
Les composés acides utilisés dans ce livre sont : le vinaigre, le citron, l'acide citrique.

La mousse

Si ça ne mousse pas, ça ne lave pas ! D'où nous vient cette croyance ?

Avant de répondre à la question de la mousse, il faut comprendre ce qu'est une bulle. Je vous invite à faire une expérience. Ouvrez le robinet à fond d'un coup sec et vous observerez des bulles dans le lavabo. Les bulles matérialisent une interface entre l'air et l'eau. Or, comme l'air et l'eau ont peu d'affinité l'un pour l'autre, ces bulles sont instables et ont une durée de vie très limitée. Il ne se forme donc pas de mousse, car les bulles disparaissent.

Un phénomène similaire s'observe quand on mélange de l'huile avec une phase aqueuse, par exemple, du vinaigre. Quand on agite vivement ce mélange avec une fourchette, on parvient à émulsionner l'ensemble, c'est-à-dire à former des bulles d'huile dans le vinaigre. Cette émulsion est instable, car l'eau et l'huile ont peu d'affinité l'un pour l'autre et cherchent à minimiser leur surface de contact. Plus on a de bulles, plus la surface de contact entre les deux liquides est grande, moins c'est stable. En revanche, quand les bulles disparaissent, les deux liquides se séparent, l'huile surnageant au-dessus du vinaigre et réduisant la surface de contact au minimum. C'est stable.

Pour qu'une émulsion entre deux phases comme l'huile et l'eau ou l'air et l'eau soit stable, il faut un tensio-actif, comme le savon. Le savon est constitué de molécules amphiphiles qui possèdent une extrémité hydrophile (attirée par l'eau) et une extrémité hydrophobe (repoussée par l'eau) séparées par une grande chaîne.

Dans l'exemple de la vinaigrette, si on ajoute du savon, les têtes hydrophobes vont s'orienter côté huile, les têtes hydrophiles vers le vinaigre, formant ainsi des bulles que l'on appelle des micelles. C'est grâce à ce phénomène que le savon nettoie. Il est capable d'emprisonner les salissures (grasses) dans des micelles, qui sont éliminées par l'eau de rinçage grâce à l'affinité des têtes hydrophiles localisées à la périphérie des micelles.

Pour les bulles de savon, un principe similaire s'applique entre l'air et l'eau. La situation est un peu différente, car il y a de l'air à l'intérieur ET à l'extérieur de la bulle. Une bulle de savon c'est donc une double couche de molécules amphiphiles qui stabilise une très fine couche d'eau de forme sphérique. Les molécules amphiphiles se placent à l'interface eau-air (la tête dans l'eau et la queue en l'air) et assurent la stabilité du mince film d'eau qui constitue la bulle.

Ce sont les mêmes propriétés, à savoir le caractère amphiphile, qui font que le savon enlève le gras et qu'il forme des bulles. La mousse n'est qu'un effet secondaire. Certains détergents sont plus performants pour les interfaces huile/eau, ce sont les agents lavants. D'autres forment plus de bulles, ce sont les agents moussants. Comme les consommateurs associent la mousse à l'efficacité du lavage, l'industrie ajoute souvent dans les produits nettoyants des agents moussants, qui ne servent pas à grand-chose pour laver, mais qui crédibilisent le produit.

15 fiches produits

1 Bicarbonate de soude

Formule chimique $NaHCO_3$

Noms français : Bicarbonate de soude. Bicarbonate de sodium. Bicarbonate de soda. Hydrogénocarbonate de sodium.
Noms anglais : Sodium bicarbonate. Bicarb. Baking soda.
Nom de code alimentaire : E500(ii)

Solide blanc inodore
Soluble dans l'eau
Non toxique
Faiblement abrasif
Légèrement basique (pH entre 8 et 8,6)
Se trouve en supermarché et en boutique bio

Le terme « bicarbonate de soude » utilisé le plus couramment peut prêter à confusion. Le bicarbonate de sodium $NaHCO_3$ n'a rien à voir avec la soude NaOH.
Disponible sous différentes qualités : technique, alimentaire et médicale. Sous l'appellation « technique », on trouve un bicarbonate de soude impropre à la consommation, mais parfait pour le ménage.
Le produit polyvalent par essence. Il sert à tout, nettoyer, dégraisser, récurer, désodoriser, éviter la prolifération des bactéries, détacher, adoucir l'eau dure.
Prudence avec les surfaces fragiles qu'il pourrait rayer et l'aluminium.

Mon astuce : Toujours avoir sous la main un petit pot de bicarbonate parfumé. L'idéal est de le conserver dans un pot en verre muni d'un double couvercle percé pour saupoudrer et fermé pour empêcher l'humidité de rentrer.

Bicarbonate de soude parfumé

Matériel et ingrédients :
- 1 pot en verre de 500 ml avec couvercle (si possible saupoudreuse)
- 400 g de bicarbonate de soude
- 1 c. à c. de votre huile essentielle préférée (j'adore le citron !)

Préparation et utilisation :
1 - Verser le bicarbonate dans le pot. Ajouter l'huile essentielle. Mélanger.
2 - Fermer et conserver à l'abri de l'humidité.

2 Cristaux de soude

Formule chimique Na_2CO_3

Noms français : Cristaux de soude. Carbonate de sodium.
Noms anglais : Sodium carbonate. Soda ash. Washing soda.
Nom de code alimentaire : E500(i)

Solide blanc inodore
Soluble dans l'eau
Non toxique
Irritant pour la peau et les yeux
Basique (pH entre 11 et 11.5)
Hygroscopique
Se trouve en supermarché et en boutique bio
Peut être obtenu par décomposition à chaud du bicarbonate de sodium selon la réaction :

$$2\ NaHCO_3 \rightarrow Na_2CO_3 + H_2O + CO_2$$

Comme pour le bicarbonate de soude, le terme « cristaux de soude » prête à confusion. Les cristaux de soude Na_2CO_3 ne sont pas de la soude NaOH en cristaux. Les cristaux de soude peuvent toutefois être irritants. Il conviendra de les manipuler avec des gants. Plus basique que le bicarbonate, le carbonate est plus dégraissant et plus puissant pour adoucir l'eau. C'est également un antifongique efficace. Très hygroscopiques, les grains des cristaux de soude s'agglomèrent avec l'humidité. Il faudra veiller à les conserver au sec. Ils perdent de leur efficacité quand ils sont en solution. Ils entreront donc de préférence dans la composition de poudres ou de solutions à utiliser immédiatement.

3 Vinaigre blanc

Formule chimique : Solution aqueuse d'acide acétique CH_3COOH

Noms français : Vinaigre blanc. Vinaigre de ménage. Vinaigre d'alcool.
Noms anglais : White vinegar.
Nom de code alimentaire : E260

Liquide incolore
Miscible dans l'eau
Non toxique
Acide (pH entre 2.5 et 3.5)
Se trouve en supermarché et en boutique bio

Bactéricide, désinfectant, il permet aussi de lutter contre le calcaire, d'assouplir le linge, de lutter contre les moisissures, de faire briller la vaisselle et les vitres.

Mon astuce : L'odeur du vinaigre n'est pas persistante, mais peut être désagréable. Je garde toujours un vaporisateur de vinaigre parfumé à portée de main.

Liquide nettoyant multi-usage éco

Les écorces d'agrume donnent en plus de leur parfum une jolie couleur jaune au vinaigre de ménage, très pratique pour voir où on le vaporise.

Matériel et ingrédients :
- Un bocal en verre d'1 l et son couvercle
- Un entonnoir
- Une bouteille d'½ l
- Un chinois
- Les écorces de 4 citrons (ou oranges, pamplemousses)
- 500 ml de vinaigre

Préparation :
1 - Laver les citrons, puis en prélever l'écorce à l'aide d'un couteau économe. S'il s'agit de citrons que vous avez déjà pressés, il faut retirer la chair pulpeuse du fruit. Pour cela, couper chaque moitié de citron en deux et décoller la peau des quartiers.
2 - Placer les écorces de citron au fond du bocal en verre. Tasser. Couvrir avec le vinaigre. Fermer le bocal. Laisser infuser au moins une semaine.
3 - Placer l'entonnoir dans le goulot de la bouteille, puis le chinois au-dessus de l'entonnoir. Verser délicatement le contenu du bocal dans la bouteille.

Spray antifongique à la cannelle et au clou de girofle

Le pouvoir antifongique du vinaigre est renforcé par les propriétés naturelles de la cannelle et du clou de girofle.

Matériel et ingrédients :
- Un bocal en verre d'1 l et son couvercle
- Un chinois
- Un entonnoir
- Un vaporisateur d'½ l
- 2 bâtons de cannelle
- 5 à 10 clous de girofle
- Les écorces de 2 oranges
- 500 ml de vinaigre

Préparation :
1 - Placer les bâtons de cannelle et les clous de girofle au fond du bocal en verre.
2 - Laver puis peler les oranges (réserver l'intérieur pour votre consommation).
3 - Placer les écorces dans le bocal en verre. Tasser. Couvrir avec le vinaigre. Fermer le bocal. Laisser infuser au moins une semaine.
4 - Ouvrir le vaporisateur. Placer l'entonnoir dans le goulot puis le chinois au-dessus de l'entonnoir. Verser délicatement le contenu du bocal dans le vaporisateur.

Liquide désinfectant thym-mandarine

Matériel et ingrédients :
- 1 bocal en verre d'1 l et son couvercle
- 1 chinois
- 1 entonnoir
- Une bouteille d'½ l et son bouchon
- 3 à 5 branches de thym
- Les écorces de 4 mandarines
- 500 ml de vinaigre

Préparation :
1 - Placer les branches de thym au fond du bocal en verre.
2 - Laver puis peler les mandarines (réserver l'intérieur pour votre consommation).
3 - Placer les écorces dans le bocal en verre. Tasser. Couvrir avec le vinaigre. Fermer le bocal. Laisser infuser au moins une semaine.
4 - Placer l'entonnoir dans le goulot de la bouteille puis le chinois au-dessus de l'entonnoir. Verser délicatement le contenu du bocal dans la bouteille.

4 Acide citrique et citron

Formule chimique $C(OH)(COOH)(CH_2COOH)_2$

Noms français : Acide citrique, Acide 2-hydroxy-1,2,3-propanetricarboxylique. Acide beta-hydroxytricarballylique. Acide 3-carboxy-3-hydroxypentanoique.
Noms anglais : Citric acid. Sour salt. 2-hydroxy-1,2,3-propanetricarboxylic acid. Beta-hydroxytricarballylic acid. 3-carboxy-3-hydroxypentanoic acid.
Nom de code alimentaire : E330

Solide blanc inodore
Soluble dans l'eau
Non toxique, peut être irritant pour la peau quand il se présente pur sous forme solide
Acide (pH entre 2,3 et 3,2)
Se trouve en droguerie et en boutique bio

Avec un nom pareil, on se doutait un peu que l'acide citrique avait un lien de parenté avec le citron. Il s'agit en effet de la molécule responsable de l'acidité des agrumes et en particulier du citron qui en contient jusqu'à 7 %. Il se présente sous la forme d'une poudre blanche. Le principal avantage de l'acide citrique est de se présenter sous forme solide, ce qui permet de le faire entrer dans la composition de poudres. Il détartre, chélate les métaux, donc adoucit l'eau et peut même enlever la rouille. Le citron quant à lui est la forme la plus naturelle et plus complète d'acidité. Non seulement il s'attaquera aux traces de calcaire, aux taches de gras et à la rouille, mais il laissera en plus une délicate odeur fraîche citronnée.

Mélanger le bicarbonate de soude et le vinaigre blanc

On voit fleurir ici et là des tas de recettes de produits ménagers contenant à la fois du vinaigre et du bicarbonate de soude. Le vinaigre est un nettoyant acide, le bicarbonate, un nettoyant basique. Quel est l'intérêt de mélanger les deux?

Examinons ce qui se passe quand on mélange ces deux composés.

Une réaction chimique se produit instantanément. Chaque molécule d'acide acétique CH_3COOH réagit avec une molécule de bicarbonate de soude $NaHCO_3$, formant du dioxyde de carbone CO_2 gazeux, de l'eau H_2O et un sel, l'acétate de sodium $CH_3COO^-Na^+$.

$$CH_3COOH + NaHCO_3 \text{ -> } CO_2 + H_2O + CH_3COO^-Na^+$$

La formation du CO_2 gazeux crée une effervescence qui brise et décolle la crasse, le tartre ou les graisses. L'intérêt principal de mélanger du bicarbonate avec du vinaigre réside donc dans l'effet immédiat produit par la réaction chimique entre ces deux produits. À la fin de la réaction qui ne dure que quelques secondes, on obtient une solution inerte qui a perdu ses propriétés lavantes.

C'est pourquoi un mélange bicarbonate de soude/vinaigre doit être utilisé immédiatement pour bénéficier de l'effet de l'effervescence.

Le modèle que l'on vient de décrypter part du principe qu'il y a en solution le même nombre de molécules d'acide acétique et de bicarbonate de sodium. Or, le vinaigre est une solution très diluée d'acide acétique. Ainsi, il suffit de très peu de bicarbonate de soude pour neutraliser le vinaigre : à peine une cuillerée à soupe de bicarbonate pour un litre de vinaigre. Dans la plupart des cas, un mélange de bicarbonate et de vinaigre contient un excès de bicarbonate de soude par rapport à l'acide acétique.

En clair, un mélange vinaigre/bicarbonate de soude, dès lors qu'il contient plus d'une cuillerée à soupe de bicarbonate par litre de vinaigre, produit, in fine, une solution contenant du bicarbonate de soude et un sel, l'acétate de sodium.
Ajouter du bicarbonate de soude à une composition à base de vinaigre ne sert qu'à neutraliser le vinaigre et lui enlever ses propriétés nettoyantes.

En revanche, les préparations à base de bicarbonate peuvent bénéficier d'un peu de vinaigre si l'eau est très dure. Le sel résultant du mélange permet d'éviter que les résidus mis en suspension lors du nettoyage ne se redéposent. C'est pratique quand on fait la vaisselle à la main dans l'évier par exemple.

5 Percarbonate de sodium

Formule chimique $2Na_2CO_3 \cdot 3H_2O_2$

Noms français : Percarbonate de soude. Percarbonate de sodium. Peroxymonocarbonate de sodium. Peroxhydrate de carbonate de sodium...
Noms anglais : Sodium percarbonate. Sodium peroxymonocarbonate. Sodium peroxycarbonate. Sodium carbonate sesquiperhydrate...

Solide blanc inodore
Soluble dans l'eau (surtout chaude)
Peut être irritant, à manipuler avec des gants
Basique (pH entre 10 et 11)
Se trouve en droguerie et en boutique bio

Quand on regarde la formule chimique, on comprend vite à qui on a à faire. Le percarbonate de soude, ou plutôt percarbonate de sodium pour être correct, est en fait un composé d'addition de carbonate de sodium et de peroxyde d'hydrogène. Sans surprise, en solution dans l'eau, il libère d'un côté du carbonate de sodium et du peroxyde d'hydrogène H_2O_2, autrement appelé eau oxygénée, selon l'équation :

$$2Na_2CO_3.3H_2O_2 \rightarrow 2Na_2CO_3 + 3H_2O_2$$

Le carbonate de sodium ainsi libéré apporte ses propriétés dégraissantes, nettoyantes, antifongiques. Le peroxyde d'hydrogène ne reste pas longtemps sous cette forme et se décompose à son tour en eau et oxygène dit actif. C'est lui qui confère les propriétés oxydantes et blanchissantes au percarbonate de sodium.

Le percarbonate de soude représente ainsi un ingrédient puissant et multifonction pour les lessives en poudre. Surtout efficace avec de l'eau chaude, le percarbonate est l'agent blanchissant de prédilection des lessives à 60 °C et plus. Il faut juste garder à l'esprit qu'il perd rapidement ses propriétés une fois en solution. Les compositions liquides à base de percarbonate de sodium ne se conservent pas, il faut les utiliser tout de suite.

6 Gros sel

Formule chimique NaCl

Noms français : Sel. Sel de table. Chlorure de sodium.
Noms anglais : Salt. Common salt. Table salt. Sodium chloride.

Solide blanc inodore
Soluble dans l'eau
Non toxique.
Neutre (pH 7)
Se trouve en supermarché et en boutique bio

C'est un abrasif non corrosif, il détache, absorbe les odeurs, adoucit l'eau.

7 Borax

Formule chimique $Na_2B_4O_7.10H_2O$

Noms français : Borax. Tétraborate de sodium décahydrate. Borate de sodium décahydraté. Hydroborate de sodium octohydraté. Borate de soude décahydraté.
Noms anglais : Borax. Sodium borate. Sodium tetraborate...

Solide poudreux incolore inodore
Basique (pH entre 9 et 9,5)
Irritant pour la peau et les voies respiratoires
Soluble dans l'eau
Antiseptique
Insecticide
Se trouve en droguerie et en pharmacie

Le borax est un minéral qu'on trouve dans la nature, souvent aux côtés du natron (carbonate de sodium) et d'autres carbonates alcalins. Il est recommandé de systématiquement porter des gants pour le manipuler et d'éviter de respirer à pleins poumons vos préparations.

Il conserve ses propriétés en solution, et se prête donc très bien aux préparations liquides, en particulier, pour les lessives liquides. Le borax libère du peroxyde d'hydrogène au fort pouvoir lavant et détachant. Son action est renforcée par la présence de base et la température.

8 Acide borique

Formule chimique $B(OH)_3$

Noms français : Acide borique. Acide orthoborique. Acide boracique.
Noms anglais : Boric acid. Orthoboric acid. Boracic acid. Trihydroxyborane. Boron(III) hydroxide.
Code alimentaire : E284.

Acide faible, peu soluble dans l'eau
Solide blanc inodore
Antifongique puissant
Se trouve en droguerie et en pharmacie

Présent dans de nombreuses préparations pharmaceutiques, on l'utilise surtout pour ses propriétés antiseptiques, antifongiques et bactéricides. C'est également un insecticide.

9 Argiles et terres

Types : Blanc de Meudon, terre de Sommières, argile verte, terre de diatomée.

Avant tout absorbantes et détachantes, elles offrent aussi des propriétés émollientes.

Utiliser la terre de Sommières pour détacher à sec les moquettes, coussins, cuirs, carrelages, parquets cirés. Grâce à ses propriétés absorbantes, elle peut aussi enlever les odeurs et les traces d'urine d'animaux sur un canapé.

Le blanc de Meudon est surtout sollicité pour ses qualités émollientes. Associé à du savon noir, il entre dans la composition des pierres d'argile. Il nettoie et fait briller bon nombre de surfaces comme l'inox, le cuivre, l'étain, l'argenterie, les métaux en général, le verre, la faïence, le plastique, les plaques vitrocéramiques et les pierres comme le granit et le marbre.

La terre de diatomée intervient surtout comme insecticide.

10 Huiles

Les huiles servent autant à entretenir qu'à nettoyer. Parmi elles, l'huile de lin est une star méconnue. Elle intervient principalement dans l'entretien des bois. Fragile, elle doit être conservée à l'abri de la chaleur et de la lumière dans une bouteille opaque.

Huile de lin parfumée à la cannelle

Son odeur assez forte peut déranger. Cette recette permet non seulement de masquer sa senteur naturelle, mais aussi de lui conférer des propriétés antifongiques.

Matériel et ingrédients pour 500 ml d'huile
- Un bocal en verre d'½ l et son couvercle
- Un chinois
- Un entonnoir
- Une bouteille opaque d'½ l et son bouchon
- 2 à 3 bâtons de cannelle
- 2 à 3 branches de romarin
- L'écorce d'un pamplemousse
- 500 ml d'huile de lin

Préparation :

1 - Placer les bâtons de cannelle et les branches de romarin au fond du bocal en verre.
2 - Laver puis peler le pamplemousse (réserver l'intérieur pour votre consommation).
3 - Placer les écorces dans le bocal en verre. Tasser. Couvrir avec l'huile. Fermer le bocal. Laisser infuser au moins une semaine.
4 - Placer l'entonnoir dans le goulot de la bouteille puis le chinois au-dessus de l'entonnoir. Verser délicatement le contenu du bocal dans la bouteille.

Alternative : pour un résultat tout en fraîcheur, remplacer la cannelle par un morceau d'écorce d'eucalyptus.

11 Alcool

Formule chimique CH_3CH_2OH

Noms français : Alcool. Éthanol. Alcool éthylique. Alcool dénaturé.
Noms anglais : Alcohol. Éthanol.
Code alimentaire : E1510.

Miscible dans l'eau et dans l'huile
Liquide transparent
Antiseptique, détachant
Inflammable, toxique

On trouve, en pharmacie, de l'alcool à 70 ° aussi appelé alcool à friction; et dans les magasins de bricolage de l'alcool à 90 ° ou alcool ménager. L'alcool à 70 ° est un meilleur désinfectant et bactéricide que l'alcool à 90 °. Toutefois, dès lors que l'alcool ménager est dilué dans de l'eau, ses propriétés antiseptiques sont renforcées. L'alcool à 90 °, quant à lui, est un excellent solvant qui peut s'avérer un détachant utile.

Alcool aux écorces d'agrumes

Je ne vous invite pas à faire transformer votre cuisine en brasserie - quoi que - mais à produire une solution alcoolisée parfumée aux écorces d'agrumes grâce à de la levure de boulanger. La levure se nourrit de sucre et le transforme en alcool, c'est la fermentation alcoolique. Un dégagement gazeux de CO_2 accompagne cette transformation chimique. On voit des bulles d'air se former et remonter à la surface. Il ne faut pas boucher le bocal dans lequel se produit la réaction. L'arrêt du dégagement gazeux indique la fin de la fermentation. Les levures aiment les températures modérées. En dessous de 15 °C, la fermentation ne démarrera pas. Au-dessus de 40 °C, les levures vont mourir. Les écorces d'agrumes contiennent des composés odorants, frais et dégraissants qui vont se solubiliser dans l'alcool formé.

Matériel et ingrédients :
- Un bocal d'1 l à large goulot
- Un entonnoir
- Un filtre à café
- 5 c. à s. de sucre
- ½ l d'eau
- 1 sachet de levure de boulanger
- Les écorces de 4 citrons ou 2 oranges ou un mélange

Préparation et utilisation :
1 - Verser le sucre dans le bocal. Ajouter un demi-litre d'eau tiède. Mélanger pour dissoudre le sucre. Ajouter la levure.
2 - Tasser les écorces au fond du bocal de manière à ce qu'elles soient totalement submergées. Si besoin, placer un poids pour les maintenir sous le niveau d'eau. Si elles sont au contact de l'air, elles pourraient moisir.

3 - Couvrir d'un linge propre pour éviter que les poussières ne tombent dans le bocal. Laisser dans un endroit tiède pendant une journée.
4 - Le lendemain, des bulles de gaz se forment et remontent à la surface. La fermentation a démarré. Vérifier que les écorces d'agrumes sont toujours immergées. Les enfoncer de nouveau si besoin.
5 - Laisser fermenter une semaine et jusqu'à deux semaines. La fermentation est terminée quand les dégagements gazeux s'arrêtent.
6 - Placer l'entonnoir dans le goulot de la bouteille, puis ouvrir le filtre à café dans l'entonnoir. Verser le contenu du bocal dans l'entonnoir. La solution alcoolique obtenue s'utilise pure ou diluée dans du vinaigre.

12 Les huiles essentielles

Concentré odorant et puissant, les huiles essentielles ne se contentent pas de parfumer. Elles contribuent également au nettoyage de la maison en apportant leurs propriétés dégraissantes, antifongiques, antibactériennes, antimicrobiennes.

Les agrumes se prêtent particulièrement bien à la cuisine, la lavande à la buanderie, l'arbre à thé à la salle de bain. Plusieurs huiles essentielles présentent un profil actif similaire. Une petite liste, non exhaustive, de mes préférées, par ordre alphabétique :

Arbre à thé : antibactérienne à large spectre, antifongique, parasiticide, antivirale.
Cannelle : antiseptique, antibactérienne très puissante à large spectre, antivirale, antifongique, parasiticide.
Cèdre de l'Atlas : antiseptique, antifongique, répulsif mites.
Citron : antiseptique, antibactérienne, antivirale.
Citronnelle : antiseptique, antibactérienne, répuslif insects.
Clou de girofle : antibactérienne très puissante à large spectre, antifongique, parasiticide, antivirale.
Eucalyptus : antiseptique, antibactérienne, antivirale.
Géranium : antiseptique, antifongique, antibactérienne, répulsif moustiques.
Laurier noble : antifongique, antibactérienne.
Lavande et lavendin : antiseptique, bactéricide, antivirale, antifongique, répulsif mites.
Menthe poivrée : antiseptique, antibactérienne, antivirale, antifongique, vermicide.
Pamplemousse : antiseptique.
Pin sylvestre : antiseptique.
Rose : antiseptique.
Thym : antibactérienne à large spectre, antivirale, parasiticide.

13 Les savons

La savonnerie nécessite quelques précautions. Le savon de Marseille est obtenu par saponification d'acides gras par de la soude. La soude est fortement corrosive. Il faut impérativement enfiler des gants pour la manipuler. On cherche ici à fabriquer un savon surgras, c'est-à-dire avec un excès d'acides gras par rapport à la soude. Ainsi, toute la soude est consommée lors de la saponification et le savon obtenu n'est pas agressif pour la peau. C'est pourquoi il faut absolument disposer d'une balance de précision pour mesurer la quantité de soude. La saponification a lieu en majeure partie dans les premières heures consécutives au mélange acides gras/soude. Pour qu'elle soit complète et que toute la soude soit consommée il faudra néanmoins attendre plusieurs jours. C'est la cure. On laisse le savon sécher pendant trois à quatre semaines avant de l'utiliser.

Savon de Marseille à l'huile d'olive

Matériel et ingrédients :

- Des gants de ménage
- Un bain-marie
- Une balance de précision
- Un robot plongeur
- Un thermomètre
- Un pichet d'1 l
- Un bol
- Moules en silicone (type moules à muffins)
- 400 g d'huile d'olive
- 49,6 g de soude
- 104 g d'eau

Préparation

1 - Enfiler les gants. Disposer sur le plan de travail tous les ingrédients et les instruments de la recette.
2 - Verser l'huile d'olive dans le pichet. Placer le pichet dans le bain-marie pour que l'huile atteigne une température d'environ 40-50° C.
3 - Peser la soude. La verser dans le bol. Peser l'eau. La verser sur la soude. Mélanger. La réaction est exothermique. La solution obtenue est chaude.
4 - Retirer le pichet du bain-marie. Brancher le robot plongeur et l'immerger dans l'huile.
5 - Verser la solution de soude en filet tout en mixant. Une émulsion se forme immédiatement. Poursuivre le mixage jusqu'à obtention d'une trace épaisse.
6 - Verser dans des moules en silicone. Laisser refroidir. Couvrir d'un film étirable.
7 - Laisser durcir 2 jours à l'abri de la lumière dans un endroit chaud et ventilé.
8 - Démouler. Laisser sécher et durcir au moins 3 semaines dans un endroit chaud et ventilé.

Savon de Marseille à la lavande

Même recette que précédemment. Ajouter 1 c. à c. d'huile essentielle de lavande à la fin de l'étape 5.

Savon détachant de récup' de bouts de savon

Matériel et ingrédients :
- Une râpe ou un robot ménager
- Une casserole
- Moules en silicone (type moules à muffins)
- 100 g de restes de savon
- 200 ml d'eau
- 50 g de terre de Sommières

Préparation et utilisation :
1 - Râper très finement le savon. Le verser dans la casserole avec l'eau. Chauffer doucement pour dissoudre le savon.
2 - Quand le savon est fondu, retirer la casserole du feu. Ajouter la terre de Sommières. Mélanger pour l'incorporer dans la masse de savon fondu.
3 - Verser dans les moules en silicone. Laisser sécher dans un endroit chaud, sec et ventilé pendant deux ou trois jours. Tasser si nécessaire. Démouler prudemment, les savons sont encore humides et mous. Poursuivre le séchage au moins quatre semaines.

14 Savon noir

Le savon noir se distingue du savon de Marseille en ce que la base utilisée pour la saponification est de la potasse et non de la soude. Il en résulte un savon mou. Il est souvent difficile à manipuler. C'est pourquoi on trouve des savons noirs liquides plus simples à doser.

15 Pierre d'argile

Le produit multifonction par définition. Elle se présente sous la forme d'une poudre très compacte et se conserve quasi infiniment.

Ingrédients et matériel
- 1 pot large et peu profond d'environ 300 ml et son couvercle
- 1 bol
- 100 g d'argile blanche (Blanc de Meudon)
- 50 g de bicarbonate de soude
- 75 g de savon noir liquide
- 30 gouttes d'huile essentielle de citron

Préparation et stockage
1 - Verser l'argile et le bicarbonate de soude dans un bol. Mélanger.
2 - Ajouter le savon et l'huile essentielle. Mélanger pour obtenir une pâte.
3 - La verser dans le pot et la tasser fortement en égalisant la surface.
4 - Faire sécher une nuit dans un endroit chaud et sec. Tasser de nouveau la pierre. Poursuivre le séchage deux ou trois jours supplémentaires.
5 - Fermer le pot et conserver dans un endroit sec.

Salle DE BAIN

La salle de bains. On aime s'y prélasser, mais pas passer du temps à la nettoyer. Les industriels l'ont bien compris et vendent à prix d'or des produits miracles. Prenons, par exemple, les produits pour nettoyer la cuvette des w.-c. Nous le savons tous, les toilettes, c'est sale, plein de microbes, de bactéries et en plus ça sent mauvais. Beurk ! On imagine quelque chose de compliqué et de surpuissant pour les nettoyer, quelque chose qui ne serait pas accessible au commun des mortels que nous sommes. À y regarder de plus près, les fabricants de produits ménagers se moquent bien des consommateurs. Le gel miraculeux 5 en 1, qui fait peur aux bactéries tant il est costaud, contient en fait principalement de l'acide citrique, des épaississants et des parfums. Pas de quoi casser trois pattes à un canard w.-c.

Liquide
nettoyant
citronnelle

Le lavabo

On a tellement de rendez-vous quotidiens avec son lavabo qu'il mérite un peu d'attention. Pour faire face à un usage aussi intense, un nettoyage régulier s'impose.

Spray express au vinaigre

Une trace de dentifrice ? De mousse à raser ? Le plus simple est encore de nettoyer tout de suite avec ce spray express.

Matériel et ingrédients pour un vaporisateur d'1 litre
- Un vaporisateur d'1 l
- Un entonnoir
- ½ l d'eau
- ½ l de vinaigre blanc
- Une vingtaine de gouttes d'huile essentielle d'eucalyptus

Préparation et utilisation

1 - Placer l'entonnoir dans le goulot du vaporisateur. Verser l'eau puis le vinaigre et les gouttes d'huile essentielle. Agiter.
2 - Vaporiser sur le lavabo. Essuyer avec un chiffon en microfibres.

Liquide nettoyant multi-usage puissant à la citronnelle

C'est votre homme à tout faire. Il nettoie le lavabo bien sûr, mais aussi le carrelage ou la douche. Il s'utilise pur sur une éponge pour la crasse la plus tenace ou dilué dans de l'eau chaude pour les grandes surfaces.

Matériel et ingrédients pour environ 2 litres de produit
- Un bidon de 2 l
- Un entonnoir
- 1,5 l d'eau chaude
- 3 c. à s. de bicarbonate de soude
- 1 verre de savon noir liquide
- 1 c. à c. d'huile essentielle de citronnelle

Préparation

1 - Verser l'eau chaude dans le bidon. Placer l'entonnoir dans le goulot du bidon. Ajouter le bicarbonate de soude puis le savon. Fermer le bidon. Secouer pour dissoudre.
2 - Ajouter l'huile essentielle. Agiter.
3 - Utiliser pur ou dilué sur toutes les surfaces à nettoyer. Rincer.

Liquide
nettoyant
savon noir

Crème à récurer au bicarbonate de soude

Le bicarbonate de soude joue un double rôle mécanique et chimique. Les fines particules constituent un abrasif doux et l'apport d'ions sodium contribue à éliminer le calcaire. Il est important d'agiter fortement la crème ou de la mélanger avec une cuillère avant chaque usage pour remettre le bicarbonate de soude en suspension.

Matériel et ingrédients pour environ 500 ml de crème

- Un pot en verre d'environ 500 ml
- 100 g de bicarbonate de soude
- 1 verre d'eau
- 1 verre de savon noir liquide
- Une vingtaine de gouttes d'huile essentielle de citron

Préparation et utilisation

1 - Verser tous les ingrédients dans le pot en verre. Mélanger avec une cuillère pour obtenir une crème.

2 - Verser l'équivalent d'une cuillerée à soupe sur la surface à nettoyer. Frotter avec une éponge humide ou une brosse. Rincer. Essuyer avec un chiffon doux.

Crème à récurer instantanée au blanc de Meudon

Le blanc de Meudon est un abrasif doux. Son pouvoir nettoyant est augmenté ici par l'action combinée avec le savon noir liquide. Il s'agit d'une préparation à usage unique, vite fait, bien fait.

Matériel et ingrédients

- Une brosse
- 2 c. à s. de blanc de Meudon
- 1 c. à s. de savon noir liquide

Préparation et utilisation

1 - Mouiller le lavabo. Saupoudrer de blanc de Meudon. Arroser avec le savon noir liquide.

2 - Brosser. Rincer. Essuyer avec un chiffon doux.

Spray désinfectant à l'alcool

S'il y a bien un endroit que l'on veut propre et sans reproche, c'est la salle de bains. L'alcool est un désinfectant puissant. Il entre dans cette composition aux côtés d'huiles essentielles antiseptiques.

Matériel et ingrédients pour environ 750 ml de spray

- Un vaporisateur de 0,75 l
- Un entonnoir
- ½ l d'eau
- 100 ml de vinaigre blanc
- 100 ml d'alcool à 70°
- 10 gouttes d'huile de lavande
- 10 gouttes d'huile essentielle d'arbre à thé

Préparation et utilisation

1 - Placer l'entonnoir dans le goulot du vaporisateur. Y verser tous les ingrédients. Secouer.

2 - Vaporiser sur toutes les surfaces à désinfecter. Essuyer avec un chiffon en microfibres.

La baignoire et le bac à douche

Poudre nettoyante multi-usage au savon de Marseille

La poudre nettoyante, par définition, est plus concentrée qu'un gel ou un liquide. Pratique à appliquer grâce à son couvercle percé, elle prend peu de place dans les placards. Le savon de Marseille sera d'autant plus efficace qu'il sera finement râpé.

Matériel et ingrédients pour environ 250 g de poudre

- Un pot en verre de 500 ml avec un couvercle percé
- Une râpe
- Une brosse
- 50 g de savon de Marseille
- 200 g de bicarbonate de soude
- 20 gouttes d'huile essentielle de votre choix

Préparation et utilisation

1 - Râper finement le savon de Marseille avec la râpe. Le transférer dans le pot en verre.
2 - Ajouter le bicarbonate et l'huile essentielle. Mélanger.
3 - Saupoudrer sur toutes les surfaces à nettoyer. Frotter avec une brosse. Rincer. Essuyer avec un chiffon en microfibres.

Éponge ananas

Tout est bon dans l'ananas. Si, si, garanti ! Toutes les parties de l'ananas, la chair, le cœur, l'écorce et même la tête contiennent de la bromélaïne, une protéase, c'est-à-dire une enzyme qui brise les liaisons peptidiques des protéines. OK, merci pour l'info, quel est le rapport avec ma baignoire ? Quand on se lave, des peaux mortes, des poils, des cheveux sont emportés par le savon et s'accrochent aux parois. Or, ces résidus sont composés principalement de protéines. La bromélaïne peut découper ces molécules en petits morceaux, plus solubles dans l'eau, et faciliter le nettoyage.

Ingrédients pour une baignoire
- 1 verre de gros sel
- Écorce et/ou tête d'ananas

Utilisation

1 - Mouiller la baignoire et saupoudrer avec du gros sel.
2 - Saisir un morceau d'écorce d'ananas dans la main et recouvrir la face coupée de gros sel.
3 - Frotter l'écorce sur toutes les surfaces. Soulever de temps en temps pour qu'il y ait toujours du sel sous l'écorce. Insister sur les zones les plus sales. Continuer avec un autre morceau d'écorce quand le premier perd de son efficacité.
4 - Rincer pour éliminer les restes de sel et de pulpe d'ananas. Essuyer avec un chiffon en microfibres.

Antirouille au borax

Le borax est un minéral que l'on trouve principalement dans des fonds argileux de lacs séchés. Il permet le décapage des métaux. L'acidité du citron combinée au borax permet d'enlever les traces de rouille dans une baignoire en émail ou céramique.

Ingrédients pour une baignoire
- 1 verre de borax
- 1 ou 2 citrons

Utilisation

1 - Mouiller la baignoire et saupoudrer avec du borax.
2 - Couper le citron en deux. Saisir un demi-citron dans la main et recouvrir la face coupée de borax.
3 - Frotter le demi-citron sur toutes les surfaces. Presser légèrement pour libérer un peu de jus et soulever de temps en temps pour qu'il y ait toujours du borax sous la face coupée du citron. Insister sur les zones les plus rouillées.
4 - Changer de moitié de citron dès qu'il n'y a plus de jus.
5 - Rincer pour éliminer les restes de borax et de pulpe de citron. Essuyer avec un chiffon en microfibres.

Les portes de douche

Anticalcaire 2 en 1

Le calcaire est un dépôt de carbonate de calcium qui se dissout en milieu acide. Le vinaigre seul peut suffire pour s'en débarrasser, mais pour augmenter son effet, rien ne vaut l'action combinée du vinaigre et du bicarbonate de soude. La méthode comporte une première étape de vaporisation de vinaigre pour attaquer le calcaire. L'emploi de bicarbonate de soude, dans un deuxième temps, provoque un petit dégagement gazeux de CO_2 sous la forme d'une mousse effervescente qui décolle les traces de calcaire. J'aime bien parfumer le bicarbonate de soude avec des huiles essentielles. J'en prépare toujours une plus grande quantité que je conserve dans un pot en verre hermétique.

Matériel et ingrédients
- Un vaporisateur de vinaigre
- Un pot en verre d'environ 300 ml et son couvercle
- Une brosse
- 1 verre de bicarbonate de soude
- Une vingtaine de gouttes d'huile essentielle de lavande

Préparation et utilisation
1 - Vaporiser du vinaigre sur toute la surface des portes de douche.
2 - Verser le bicarbonate dans le pot en verre. Ajouter l'huile essentielle. Mélanger.
3 - Prélever un peu de mélange au bicarbonate avec une brosse. Frotter les parois. La réaction chimique entre le bicarbonate de soude et le vinaigre produit un petit dégagement gazeux de CO_2 qui se manifeste sous la forme d'une fine mousse effervescente.
4 - Rincer puis racler avec une raclette pour éliminer les traces d'eau.

Attention : Le bicarbonate de soude peut laisser des traces blanches. Il faut le rincer à grande eau. Ne pas utiliser cette méthode pour les parois extérieures de la douche.

Anticalcaire au vinaigre

Mauvaise nouvelle ! Pour se débarrasser du calcaire sur les parois extérieures de la douche, il faudra frotter.

Matériel et ingrédients pour une dizaine de nettoyages
- Un vaporisateur d'1 litre
- Un entonnoir
- 1 l de vinaigre blanc
- Une vingtaine de gouttes d'huile essentielle de pamplemousse

Préparation et utilisation
1 - Placer l'entonnoir dans le goulot du vaporisateur. Verser le vinaigre et l'huile essentielle. Agiter pour mélanger.
2 - Vaporiser le vinaigre sur les parois. Laisser agir environ trente minutes.
3 - Frotter avec une brosse. Essuyer avec un chiffon en microfibres.

RACLETTE
Mieux vaut prévenir que guérir dit l'adage populaire. C'est tellement vrai pour le calcaire. La meilleure façon de ne pas avoir de calcaire, c'est d'éviter qu'il ne se forme. Laisser une raclette à vitre dans la douche. Après chaque utilisation, essuyer les gouttes d'eau en passant la raclette sur les portes de douche. Efficacité garantie !

Se débarrasser des algues et des moisissures

C'est inévitable ! La salle de bains, et en particulier la douche, est un lieu humide. Il se forme des algues et des moisissures. Pour se débarrasser de ces traces vertes dans les recoins de la douche et des joints, il existe heureusement plusieurs solutions.

Anti-algue au borax

Ingrédients pour une douche
- Une brosse ou une brosse à dents pour les petits joints
- ½ verre de borax
- ½ verre de vinaigre

Préparation et utilisation
1 - Placer le borax dans un bol. Ajouter le vinaigre pour former une pâte.
2 - En prélever une petite quantité, appliquer sur les traces vertes et frotter avec une brosse. Rincer.
3 - Si les traces persistent, renouveler l'étape 2 puis laisser agir une heure avant de brosser.

Antimoisissure à l'acide borique

L'acide borique est un antifongique sans danger et très efficace.

Ingrédients pour une douche
- Une brosse
- 1 verre d'acide borique

Utilisation
1 - Humidifier la surface à traiter.
2 - Prélever un peu d'acide borique avec une brosse ou une éponge. Frotter. Rincer.

Antimoisissure au laurier noble

L'huile essentielle de laurier noble est un antifongique puissant. Elle peut être remplacée par l'huile essentielle de géranium ou de clou de girofle.

Matériel et ingrédients pour un pot d'environ 200 g

- Un pot d'environ 300 ml et son couvercle percé
- Une brosse
- 2 verres de bicarbonate de soude
- 1 c. à c. d'huile essentielle de laurier noble

Préparation et utilisation

1 - Verser tous les ingrédients dans le pot. Mélanger.
2 - En prélever une petite quantité, appliquer sur les traces vertes et frotter avec une brosse. Rincer.
3 - Si les traces persistent, renouveler l'étape 2 puis laisser agir une heure avant de brosser.

LES GESTES À FAIRE TOUS LES JOURS DANS LA SALLE DE BAINS

On est tous d'accord, astiquer la salle de bains n'est pas le moment le plus excitant du week-end. Il y a un moyen de rendre cette tache moins laborieuse : quelques gestes simples à répéter tous les jours :
1 - Rincer et essuyer le lavabo.
2 - Passer la raclette dans la douche.
3 - Faire sécher les serviettes sur le radiateur chauffant ou en les accrochant dans un endroit sec et ventilé.
4 - Faire sécher le tapis de bain.
5 - Ranger les produits cosmétiques, brosses, maquillage après usage.

La robinetterie

Les pommeaux et robinets ont la fâcheuse tendance à s'entartrer bien trop rapidement. Il faut passer au traitement de choc.

Antitartre au vinaigre

Ingrédient pour une vingtaine de nettoyages

- Un vaporisateur de vinaigre blanc

Utilisation

1 - Vaporiser le vinaigre sur les traces de calcaire.
2 - Humidifier un chiffon avec de l'eau très chaude. L'enrouler autour du robinet. Laisser agir vingt minutes. Essuyer avec un chiffon en microfibres.

Antitartre à l'acide citrique

Ingrédient pour le nettoyage de tous les robinets de la salle de bains

- 1 petit verre d'acide citrique

Utilisation

1 - Mouiller le contour des robinets. Saupoudrer généreusement les zones à traiter avec de l'acide citrique.
2 - Humidifier un chiffon avec de l'eau très chaude. L'enrouler autour du robinet. Laisser agir vingt minutes. Essuyer avec un chiffon en microfibres.

Antitartre au citron

Ingrédient pour le nettoyage de tous les robinets de la salle de bains

- 1 citron

Utilisation

1 - Couper le citron en deux. Frotter la face coupée du citron sur les traces de calcaire.
2 - Essuyer avec un chiffon en microfibres.

Antitartre au vinaigre chaud pour le pommeau de douche

La chaleur augmente la force acide du vinaigre et accélère son action antitartre.

Matériel et ingrédients pour un pommeau de douche

- Un petit seau
- Une brosse
- ½ l de vinaigre blanc
- ½ l d'eau bouillante

Préparation et utilisation

1 - Verser l'eau bouillante puis le vinaigre dans le seau.
2 - Faire tremper le pommeau de douche au moins une heure. Brosser si nécessaire. Rincer. Essuyer avec un chiffon en microfibres.

Carrelage au mur et sol

Liquide nettoyant multi-usage au savon noir liquide

Les recettes les plus simples sont souvent les meilleures. Rien de tel qu'un peu de savon noir liquide pour nettoyer le carrelage de la salle de bains.

Matériel et ingrédients pour 1 litre
- Une bouteille d'un litre et son bouchon
- 800 ml d'eau chaude
- 3 c. à s. de savon noir liquide
- 20-30 gouttes d'huile essentielle d'eucalyptus

Préparation et utilisation
1 - Verser l'eau chaude dans la bouteille. Ajouter le savon. Secouer pour mélanger.
2 - Ajouter l'huile essentielle.
3 - Utiliser sur toutes les surfaces à nettoyer en diluant un bouchon dans un litre d'eau chaude.

Antimoisissure au vinaigre

Les joints poreux sont de merveilleux nids pour le développement des moisissures. Mais celles-ci ne résisteront pas longtemps à l'action conjuguée du vinaigre blanc et du bicarbonate de soude. La recette permet de préparer une grande quantité de poudre bicarbonate de soude et lavande. Elle se conserve à l'abri de l'humidité.

Matériel et ingrédients
- Un vaporisateur de vinaigre blanc
- Un pot en verre d'environ 300 ml
- 200 g de bicarbonate de soude
- 20 gouttes d'huile essentielle de lavande

Préparation et utilisation :
1 - Vaporiser le vinaigre sur les moisissures. Laisser agir 30 minutes à une nuit si les moisissures sont incrustées.
2 - Placer le bicarbonate de soude dans le pot en verre. Ajouter l'huile essentielle. Mélanger.
3 - Prélever un peu de mélange au bicarbonate avec une éponge. Frotter les moisissures. La réaction chimique entre le bicarbonate de soude et le vinaigre produit un petit dégagement gazeux de CO_2 qui se manifeste sous la forme d'une mousse effervescente qui va désincruster les moisissures.
4 - Rincer à l'eau claire.

Brillant à l'eau de cuisson des pommes de terre

L'amidon libéré lors de la cuisson des pommes de terre est un excellent tensioactif qui redonne du brillant au carrelage.

Ingrédients
- Eau de cuisson des pommes de terre

Utilisation
1 - Verser l'eau de cuisson des pommes de terre sur le carrelage. Laisser agir 5 minutes. Frotter avec un balai-brosse.
2 - Rincer.

Antimoisissure à l'alcool

Les moisissures sont des champignons qui se développent dans l'eau mais craignent l'alcool.

Matériel et ingrédients pour un vaporisateur d'½ litre
- Un vaporisateur de 500 ml
- Un entonnoir
- 200 ml d'alcool à 70°
- 200 ml de vinaigre blanc
- 20 gouttes d'huile essentielle au choix : menthe poivrée, géranium, cannelle, lavande, arbre à thé

Préparation et utilisation
1 - Placer l'entonnoir dans le goulot du vaporisateur. Verser tous les ingrédients. Agiter pour mélanger.
2 - Vaporiser le mélange sur les moisissures. Frotter.

Antimoisissure au percarbonate de soude

Le percarbonate de soude agit un peu comme de l'eau oxygénée. Il permet d'éliminer les moisissures. Une fois dissous dans l'eau, son activité diminue en quelques heures. Il est préférable de ne préparer que la quantité dont vous avez besoin pour un usage. N'hésitez pas à diminuer les quantités si nécessaire.

Matériel et ingrédients
- Un vaporisateur de 500 ml
- Un entonnoir
- 1 verre de percarbonate de soude
- 2 verres d'eau très chaude
- Une vingtaine de gouttes d'huile essentielle d'arbre à thé

Préparation et utilisation
1 - Placer l'entonnoir dans le goulot du vaporisateur. Verser tous les ingrédients. Agiter pour mélanger.
2 - Vaporiser le mélange sur les moisissures. Brosser.

Bicarbonate
de soude

Soin douceur pour l'ardoise

L'ardoise est fragile et mérite toute votre attention. Protégée par l'huile de lin, elle se tachera moins.

Matériel et ingrédients pour 1 litre
- Un bidon d'1 l et son bouchon
- Un entonnoir
- 1 c. à s. de savon noir liquide
- 3 c. à s. d'huile de lin
- Une vingtaine de gouttes d'huile essentielle d'eucalyptus
- 800 ml d'eau

Préparation et utilisation
1 - Placer l'entonnoir dans le goulot du bidon. Verser tous les ingrédients. Agiter pour mélanger.
2 - Imprégner un chiffon en microfibres de cette préparation et appliquer sur l'ardoise. Renouveler jusqu'à ce que toute la surface soit couverte.

Spray express spécial de l'ardoise

Un nettoyage au bicarbonate de soude suffit dans la majorité des cas. Seul inconvénient, il laisse des traces blanches dont on se débarrasse en ajoutant du vinaigre à l'eau de rinçage.

Matériel et ingrédients pour 1 litre
- Un vaporisateur d'1 l
- Un entonnoir
- 1 verre de bicarbonate de soude
- 700 ml d'eau
- Un seau
- Une serpillière
- 1 verre de vinaigre blanc

Préparation et utilisation
1 - Placer l'entonnoir dans le goulot du vaporisateur. Y verser le bicarbonate de soude. Compléter avec de l'eau. Agiter pour homogénéiser.
2 - Vaporiser sur la surface en ardoise. Frotter.
3 - Remplir le seau avec de l'eau. Ajouter le vinaigre. Y tremper une serpillière et essuyer toute la surface pour enlever l'excès de bicarbonate.

Liquide nettoyant pour le marbre

Ce serait dommage d'abîmer une si belle pierre. Le blanc de Meudon nettoie et ravive l'éclat en douceur grâce à ses propriétés absorbantes et légèrement abrasives.

Matériel et ingrédients
- Un pot d'environ 500 ml
- Une éponge
- 1 verre de blanc de Meudon
- 3 verres d'eau

Préparation et utilisation
1 - Verser le blanc de Meudon et l'eau dans le pot. Mélanger. On obtient une pâte.
2 - Prélever l'équivalent d'une noix de cette pâte avec une éponge humide. Frotter.
3 - Rincer abondamment. Essuyer avec un chiffon en microfibres.

Laver les tapis de bain

Comme c'est agréable de poser le pied sur un tapis moelleux en sortant de la douche. Mais voilà, le tapis, qui reste au sol, sèche mal et lentement, favorisant l'apparition des moisissures. La salle de bains est la pièce la plus chaude de la maison, ce qu'adorent les bactéries qui vont coloniser ce pauvre tapis.
Pas de panique, il existe des solutions. La première concerne les tapis qui peuvent se laver en machine. Facile, il suffit de suivre les instructions d'entretien.
Pour les tapis de bains qui possèdent un revers antidérapant en caoutchouc et ne peuvent pas se laver en machine, un nettoyage à la main s'impose.

Désinfectant à l'arbre à thé

Matériel et ingrédients pour 1 litre

- Un vaporisateur
- Un entonnoir
- ½ l de vinaigre blanc
- ½ l d'eau
- Une vingtaine de gouttes d'huile essentielle d'arbre à thé

Préparation et utilisation
1 - Placer l'entonnoir dans le goulot du vaporisateur. Verser tous les ingrédients. Agiter.
2 - Vaporiser sur les deux faces du tapis. Aspirer.

Shampooing sec au bicarbonate de soude

Matériel et ingrédients

- Une brosse
- 1 verre de bicarbonate de soude

Utilisation
1 - Saupoudrer le bicarbonate sur le tapis. Le répartir et le faire pénétrer avec une brosse.
2 - Aspirer.

Surfaces vitrées

Spray nettoyant pour surfaces vitrées à la fécule de mais

Un miroir bien net et sans traces avec de la fécule de mais ! C'est une blague ?
Une surface de verre apparaît lisse, mais à une échelle microscopique, elle ne l'est pas. Ainsi, quand on vaporise de l'eau sur une surface vitrée, elle se retrouve piégée dans les mini-aspérités. Les gouttes d'eau ont de plus tendance à rester collées les unes aux autres par la force des liaisons hydrogène. Les deux phénomènes participent à la formation de traces lors du nettoyage du miroir. C'est surprenant, mais l'ajout d'un peu de fécule de mais dans le liquide pour nettoyer les surfaces vitrées joue le rôle de tensioactif, rompt l'équilibre des liaisons hydrogène entre les molécules d'eau et laisse les surfaces vitrées propres et nettes. La fécule de mais a tendance à se déposer au fond du vaporisateur. Il faut bien agiter avant chaque utilisation.

Matériel et ingrédients pour 1 litre
- Un vaporisateur d'1 l
- Un entonnoir
- 100 ml de vinaigre blanc
- 100 ml d'alcool à 70°
- 500 ml d'eau
- 1 c. à s. de fécule de mais
- 10 gouttes d'huile essentielle de citron

Préparation et utilisation
1 - Placer l'entonnoir dans le goulot du vaporisateur. Verser tous les ingrédients dans le vaporisateur. Agiter.
2 - Vaporiser sur les surfaces vitrées. Frotter avec un chiffon en microfibres.
3 - Sécher avec le chiffon ou du papier journal.

Spray nettoyant pour surfaces vitrées au savon noir liquide

Un peu de savon noir liquide permet de nettoyer les vitres et les miroirs les plus sales. L'eau chaude facilite la dissolution du savon.

Matériel et ingrédients pour 1 litre
- Un vaporisateur d'1 l
- Un entonnoir
- 500 ml d'eau chaude
- 1 c. à s. de savon noir liquide
- 100 ml de vinaigre
- 100 ml d'alcool à 70°
- 10 gouttes d'huile essentielle de géranium

Préparation et utilisation
1 - Placer l'entonnoir dans le goulot du vaporisateur. Verser l'eau chaude dans le vaporisateur. Ajouter le savon noir liquide. Bien agiter pour dissoudre le savon.
2 - Ajouter le reste des ingrédients. Agiter.
3 - Vaporiser sur les surfaces vitrées. Frotter avec un chiffon en microfibres.
4 - Sécher avec le chiffon ou du papier.

Pomme de terre crue

Qui l'eut cru ? Une pomme de terre coupée en deux fera des merveilles pour nettoyer un miroir.

Ingrédients
- Une pomme de terre crue
- Un vaporisateur de vinaigre blanc

Utilisation
1 - Couper la pomme de terre en deux.
2 - Frotter le miroir avec la face coupée de la pomme de terre.
3 - Vaporiser un peu de vinaigre sur un chiffon en microfibres et essuyer le miroir.

Lutter contre l'humidité

Fabriquer son déshumidificateur

Pour lutter contre l'humidité, rien de tel qu'un déshumidificateur. Le gros sel capte l'humidité qui se condense au fond de la bouteille. Penser à vider cette eau régulièrement et à changer le sel de temps en temps.

Matériel et ingrédients pour un déshumidificateur

- Une grande bouteille en plastique vide
- Une compresse
- Environ 100 g de gros sel
- 2 élastiques
- 10 gouttes d'huile essentielle de lavande vraie (facultatif)

Utilisation

1 - Découper la bouteille d'eau horizontalement aux deux tiers.
2 - Placer la compresse sur le goulot et la fixer avec les élastiques.
3 - Retourner la partie supérieure de la bouteille pour avoir le goulot vers le bas et former un entonnoir puis l'emboîter sur la partie inférieure de la bouteille.
4 - Verser le gros sel dans l'entonnoir. Ajouter l'huile essentielle.

Alternative : utiliser de l'argile à la place du gros sel.

Lutter contre l'humidité avec des plantes

L'atmosphère chaude et humide de la salle de bains constitue l'environnement idéal pour le développement des moisissures et des bactéries. Quelques gestes simples suffisent pour éviter que l'humidité ne s'installe durablement.

1 - Aérer. Si votre salle de bains est une pièce sans fenêtre, l'installation d'une VMC adéquate pourra compenser.
2 - Fabriquer un déshumidificateur (voir page de gauche).
3 - Installer des plantes. Oui, des plantes. On vous a dit et répété que les plantes apportaient de l'humidité aux environnements trop secs. C'est vrai. Mais pas toutes. Les plantes tropicales en particulier jouent un rôle opposé.

Spathiphyllum (fleur de lune)
Le spathiphyllum demande peu de lumière et peu d'attention. Il est capable d'absorber une partie de ses besoins en eau par les feuilles, ce qui en fait un excellent allié pour lutter contre l'humidité. Cerise sur le gâteau, il purifie l'air de certains polluants.

Chamaedorée
Les chamaedorées prospèrent en milieu tropical et absorbent tout naturellement l'humidité par leurs feuilles. Leur entretien et leurs propriétés sont comparables à ceux des fleurs de lune.

Lierre
Le lierre pousse comme une liane tombante. Il peut être planté dans un pot en hauteur, ce qui présente un triple avantage : il ne prend pas de place, vous ne risquez pas de le renverser et il va absorber l'humidité qui se forme et monte vers le plafond. Effet bonus : il éradique les moisissures en suspension dans l'air.

Fougère de Boston
La fougère s'épanouit, elle aussi, en milieu très humide. Elle peut réguler l'humidité dans toute la maison.

Tillandsia
La tillandsia a besoin de beaucoup de lumière, on la réservera pour les salles de bains avec une fenêtre. Elle peut se développer sans racine et possède la propriété d'extraire l'eau et les nutriments dont elle a besoin de l'air ambiant.

Canalisations

Déboucheur à l'acide citrique

Le savon a un pH basique. Pour éliminer les agglomérats de savon et de saleté, rien de tel qu'un peu d'acide.

Matériel et ingrédients pour un lavabo
• Une pince à épiler
• 1 verre d'acide citrique
• 1 l d'eau bouillante

Utilisation
1 - Retirer la grille de protection de la canalisation. Enlever les cheveux et autres résidus piégés à l'aide de la pince. Verser l'acide citrique. Laisser agir une vingtaine de minutes.
2 - Verser l'eau bouillante.
3 - Attendre une trentaine de minutes avant de refaire couler de l'eau dans la canalisation.

Déboucheur aux cristaux de soude

Si la méthode avec l'acide citrique échoue, c'est sans doute parce que des corps gras sont emprisonnés dans les canalisations. Il faut alors les dissoudre avec une base forte.

Matériel et ingrédients pour un lavabo
• Une pince à épiler
• 1 verre de cristaux de soude
• 1 l d'eau bouillante

Utilisation
1 - Retirer la grille de protection de la canalisation. Enlever les cheveux et autres résidus piégés à l'aide de la pince. Verser les cristaux de soude. Laisser agir une vingtaine de minutes.
2 - Verser l'eau bouillante.
3 - Attendre une trentaine de minutes avant de refaire couler de l'eau dans la canalisation.

Eau de javel

L'eau de Javel est une solution aqueuse d'hypochloride de sodium NaOCl. Il s'agit d'une solution oxydante et basique utilisée couramment comme désinfectant par les hôpitaux, les écoles et aussi la plupart des ménages. Son odeur, si reconnaissable, évoque le propre et l'hygiène. Mais qu'en est-il vraiment ?

Il est légitime de se demander si on a besoin de tuer systématiquement tous les germes. Seuls les germes pathogènes sont nocifs et il est illusoire de croire qu'on peut nettoyer la maison plus vite que les bactéries ne recolonisent les lieux.

Certes, l'eau de Javel est un désinfectant puissant, mais elle ne contient pas de tensioactif, donc seule, elle ne nettoie pas.

Elle est corrosive et irritante pour la peau et les voies respiratoires. La libération de chlore tout au long de la chaîne, depuis la fabrication jusqu'à son rejet avec les eaux domestiques, en fait un produit néfaste pour l'environnement.

Dans une démarche respectueuse d'un équilibre durable, de la santé des personnes, de la maison et de l'environnement, l'emploi régulier d'eau de Javel n'est pas souhaitable. Pour l'entretien au quotidien de la maison, les détergents écologiques alliés aux huiles essentielles sont préférables.

L'eau de Javel réagit avec les acides, même les plus doux, comme le vinaigre et le citron pour former du dichlore (Cl_2), un gaz très toxique. Si malgré tout vous utilisez de l'eau de Javel, il faut absolument éviter de la mélanger avec des acides.

Toilettes

Je vous l'accorde, ce n'est pas super-drôle mais c'est beaucoup plus simple et plus rapide qu'on ne le pense.

Spray pour l'entretien des toilettes au quotidien

Matériel et ingrédients pour 1 litre
- Un vaporisateur d'1 l
- 500 ml de vinaigre blanc
- 500 ml d'eau
- 10 gouttes d'huile essentielle de citron
- 10 gouttes d'huile essentielle d'eucalyptus

Préparation et utilisation

1 - Verser tous les ingrédients dans le vaporisateur. Agiter avant chaque utilisation.

2 - Vaporiser tous les soirs après la dernière utilisation des toilettes.

Contre les taches sombres dans le fond de la cuvette

Ingrédient
- 1 verre d'acide citrique

Utilisation

1 - Verser l'acide citrique dans la cuvette. Laisser agir une nuit. Brosser si nécessaire. Tirer la chasse.

Poudre à récurer

L'effet combiné du bicarbonate de soude et du vinaigre blanc sera aussi très utile pour nettoyer les toilettes.

Matériel et ingrédients
- Un pot en verre d'environ 300 ml et son couvercle
- 200 g de bicarbonate de soude
- 10 gouttes d'huile essentielle d'arbre à thé
- 10 gouttes d'huile essentielle d'eucalyptus
- Un vaporisateur de vinaigre blanc

Préparation et utilisation

1 - Placer le bicarbonate de soude dans le pot en verre. Ajouter les huiles essentielles. Mélanger.

2 - Mouiller la cuvette et saupoudrer avec le mélange au bicarbonate. Si la cuvette est très sale, laisser agir une nuit.

3 - Vaporiser du vinaigre sur les parois. La réaction chimique entre le bicarbonate de soude et le vinaigre produit un petit dégagement gazeux de CO_2 qui se manifeste sous la forme d'une mousse effervescente.

4 - Frotter avec la brosse des toilettes puis tirer la chasse.

Gel nettoyant

Les gels nettoyants pour la cuvette des toilettes sont pratiques. Visqueux, ils adhèrent aux parois. Nul besoin de frotter, il suffit d'attendre que la chimie fasse sa magie.

Matériel et ingrédients pour 1 litre
- Un bidon de récupération de gel w.-c. du commerce
- Un entonnoir
- 600 ml d'eau chaude
- 1 c. à s. de gomme de guar
- 1 verre d'acide citrique
- 20 gouttes d'huile essentielle de menthe poivrée
- 20 gouttes de chlorophylle (optionnel)

Préparation et utilisation
1 - Verser l'eau chaude dans le bidon. Placer l'entonnoir dans le goulot du bidon. Ajouter la gomme de guar et l'acide citrique. Agiter pour dissoudre les poudres.
2 - Verser les autres ingrédients. Optionnellement, ajouter la chlorophylle pour un effet visuel. Agiter avant chaque utilisation.

Nettoyer la brosse des toilettes

C'est bien beau de nettoyer les toilettes avec la brosse, encore faut-il que la brosse elle-même soit propre.

Lavage à l'acide citrique

Ingrédient
- 1 verre d'acide citrique

Utilisation
1 - Tirer la chasse d'eau. Verser l'acide citrique dans la cuvette.
2 - Immerger la brosse. Laisser agir une vingtaine de minutes. Tirer la chasse en plaçant la brosse sous l'eau qui s'écoule dans la cuvette.

Lavage aux cristaux de soude

Ingrédient :
- 1 verre de cristaux de soude

Utilisation
1 - Tirer la chasse d'eau. Verser les cristaux de soude dans la cuvette.
2 - Immerger la brosse. Laisser agir une vingtaine de minutes. Tirer la chasse en plaçant la brosse sous l'eau qui s'écoule dans la cuvette.

Les bonnes odeurs

Absorbant pour mauvaises odeurs au bicarbonate de soude

Pas besoin d'un dessin, tout le monde comprend l'utilité de cette astuce. Parce que craquer une allumette, ça ne marche pas.

Matériel et ingrédients
- Une coupelle
- 2 c. à s. de bicarbonate de soude

Utilisation
1 - Verser le bicarbonate dans la coupelle. La disposer dans les toilettes à l'écart des éclaboussures.

Diffuseur de parfum express

Pourquoi se compliquer la vie ? Un joli pot en verre, vos huiles essentielles préférées, un couvercle percé. Voilà !

Matériel et ingrédients pour un diffuseur de 200 ml
- Un pot en verre d'environ 200 ml et son couvercle percé
- 2 verres de bicarbonate de soude
- 1 c. à c. d'un mélange d'huiles essentielles ylang-ylang et citron vert

Préparation et utilisation
1 - Verser tous les ingrédients dans le pot. Mélanger. Fermer.
2 - Disposer dans les toilettes.

Diffuseur de parfum aux écorces d'agrumes

Il existe des alternatives aux huiles essentielles. Le macérât d'écorces d'agrumes dans l'alcool est aussi agréable à faire qu'à sentir.

Matériel et ingrédients
- Un bocal en verre d'environ 500 ml et son couvercle
- Les écorces de 4 citrons ou d'un pamplemousse
- 200 ml de vodka
- Un entonnoir
- Un chinois
- Un bocal d'environ 200 ml et son couvercle percé
- 5 brochettes en bois

Préparation et utilisation
1 - Laver les agrumes puis en prélever l'écorce à l'aide d'un couteau économe.
2 - Placer les écorces au fond du bocal en verre de 500 ml. Tasser. Couvrir avec la vodka. Fermer le bocal. Laisser infuser au moins trois semaines.
3 - Placer l'entonnoir au-dessus du bocal de 200 ml puis le chinois au-dessus de l'entonnoir. Verser délicatement le mélange vodka-écorces dans le bocal.
4 - Fermer avec le couvercle percé, y glisser les brochettes en bois de manière à ce qu'elles soient immergées dans la vodka aromatisée.

Brosses et maquillage

Les pinceaux de maquillage sont en contact direct avec la peau. Les bactéries s'y installent facilement, provoquant des irritations. Les brosses à cheveux et les peignes connaissent un sort similaire. La plupart des brosses et pinceaux se lavent très bien au lave-vaisselle. Pour les plus fragiles, il reste la méthode manuelle.

Bain douceur

Le savon nettoie, le vinaigre désinfecte, l'huile permet au poil de garder souplesse et douceur. Prévoir un temps de séchage plus long pour les brosses.

Matériel et ingrédients :
- Un pot assez grand pour accueillir tous les pinceaux
- ½ verre de vinaigre blanc
- ½ verre d'huile d'olive
- ½ verre de liquide vaisselle (p. 68)
- 5 à 10 gouttes d'huile essentielle de vanille

Préparation et utilisation :
1 - Verser tous les ingrédients dans le pot. Mélanger. Y tremper les pinceaux. Laisser agir une vingtaine de minutes.
2 - Sortir les pinceaux du bain. Masser. Rincer à l'eau chaude. Tamponner avec un chiffon pour enlever le plus gros de l'humidité.
3 - Laisser sécher dans un endroit sec et ventilé au moins une journée.

Nettoyage profond au vinaigre

Manque de patience ? Le nettoyage au vinaigre chaud est très efficace !

Matériel et ingrédients
- Une bassine
- 1 verre de vinaigre blanc
- 1 l d'eau bouillante

Préparation et utilisation
1 - Verser l'eau bouillante puis le vinaigre dans la bassine. Y plonger les brosses, peignes, pinceaux. Laisser agir une vingtaine de minutes.
2 - Sortir les accessoires de leur bain. Gratter pour dégager les cheveux emmêlés dans les peignes et les brosses.
3 - Rincer. Laisser sécher dans un endroit sec et ventilé au moins une journée.

Speed cleaning

Vous partez en week-end et vous n'aurez pas le temps de laver la salle de bains de fond en comble. Parfait, vous avez besoin de changer d'air et votre salle de bains se contentera de ce nettoyage express. Alors, à vos marques, c'est parti !

1 - Rassembler les ustensiles :

- des chiffons en microfibres : un pour les miroirs, un pour le lavabo, un pour les toilettes, un ou deux pour la douche ou la baignoire ;
- spray nettoyant pour les surfaces vitrées (p. 52) ;
- spray désinfectant (p. 37) ;
- gel toilettes ;
- corbeille à linge.

2 - Débarrasser et ranger les étagères et les comptoirs. Rassembler le linge qui traîne et le mettre dans la corbeille à linge avec les serviettes de toilettes.

3 - Commencer par les toilettes. Couvrir la cuvette de gel. Laisser agir. Passer à la douche et au lavabo.

4 - Vaporiser le spray désinfectant dans la douche et le lavabo. Passer au miroir.

5 - Vaporiser le spray nettoyant pour les surfaces vitrées sur le miroir et essuyer immédiatement avec un chiffon sec.

6 - Essuyer le lavabo avec un chiffon propre. Faire la même chose avec la douche.

7 - Revenir vers les toilettes. Brosser. Tirer la chasse. Couvrir une deuxième fois de gel et laisser agir.

Cuisine

Dans beaucoup de foyers, la cuisine est le cœur de la maison. Évidemment, on y cuisine et on y mange. Et ces bonnes odeurs de ratatouille qui mijote doucement sur le feu ou de gâteau qui cuit dans le four attirent toute la famille. La cuisine devient alors à la fois une salle de jeu, un lieu où l'on fait ses devoirs, où on lit le journal. Et fatalement, elle se salit.

L'industrie des détergents a réussi à nous faire croire à la nécessité d'acheter des tas de produits. Les publicités vantent leur efficacité aussi redoutable que spécifique. Personne cependant ne semble s'inquiéter de la cohabitation de tous ces produits chimiques avec la nourriture.

Il existe pourtant des solutions simples et écologiques. Pourquoi s'en priver ?

Liquide
vaisselle

Vaisselle

Liquide vaisselle au pamplemousse

Un produit vaisselle doit être dégraissant et détachant. L'action combinée des bases et du savon remplit cette mission. Il n'est pas fluo, il mousse peu, mais il fait le job. Je le préfère peu concentré, plus facile à doser. La composition fait appel à de l'eau chaude pour faciliter la dissolution du savon noir.

Matériel et ingrédients pour environ ½ litre

- Une bouteille d'1 l et son bouchon
- Un entonnoir
- ½ l d'eau chaude
- 1 c. à s. de savon noir liquide
- 20 gouttes d'huile essentielle de pamplemousse
- 2 c. à s. de bicarbonate de soude
- 2 c. à s. de vinaigre blanc

Préparation et utilisation

1 - Dans un saladier profond, verser dans cet ordre l'eau chaude, le savon noir et les gouttes d'huile essentielle. Bien mélanger pour dissoudre le savon.
2 - Ajouter le bicarbonate de soude et le vinaigre. Un faible dégagement gazeux de CO_2 se produit. Mélanger.
3 - Transférer dans une bouteille à l'aide de l'entonnoir.
4 - Agiter avant chaque utilisation. Prévoir une cuillerée à soupe de liquide vaisselle par lavage.

Gel vaisselle hyper concentré

Difficile de changer ses habitudes : un liquide vaisselle se présente sous la forme d'un gel, sans quoi il ne lave pas ! C'est grâce à la texture que l'on connait la dose à utiliser. Un produit vaisselle visqueux nous donne l'impression d'être plus concentré, donc plus efficace. Or, les produits du commerce contiennent tous une forme ou une autre d'épaississant ou de gélifiant pour parvenir à la viscosité souhaitée. Voici donc un gel pour la vaisselle sans épaississant et donc véritablement très concentré.

Matériel et ingrédients pour environ ½ litre

- Une bouteille d'1 l et son bouchon
- Un entonnoir
- Un saladier
- ½ l d'eau bouillante
- 5 à 6 c. à s de copeaux de savon de Marseille
- 20 gouttes d'huile essentielle de citron
- 3 c. à s. de bicarbonate de soude

Préparation et utilisation

1 - Dans un saladier profond, verser dans cet ordre l'eau bouillante, le savon et les gouttes d'huile essentielle. Bien mélanger pour dissoudre le savon.
2 - Ajouter le bicarbonate de soude. Mélanger.
3 - Transférer dans une bouteille à l'aide de l'entonnoir. Laisser reposer une nuit. Le mélange va s'épaissir, voire se figer.
4 - Agiter avant chaque utilisation. Prévoir une cuillerée à café de liquide vaisselle par lavage.

Produit vaisselle super-dégraissant

La flemme est parfois bonne conseillère. Pour les plats gras qui résistent au liquide vaisselle classique, un produit plus costaud c'est mieux que l'huile de coude. Et comme rien ne sert de courir, il ne faut pas hésiter à laisser tremper la vaisselle une vingtaine de minutes, voire une nuit. Il n'y a pas de vinaigre blanc dans la recette, il est réservé pour l'eau de rinçage pour une finition parfaite.

Matériel et ingrédients pour ½ litre
- Une bouteille d'1 l et son bouchon
- Un entonnoir
- ½ l d'eau chaude
- 2 c. à s. de savon noir liquide
- Une vingtaine de gouttes d'huile essentielle de mandarine
- 1 c. à s. de bicarbonate de soude
- 2 c. à s. de cristaux de soude
- 1 verre de vinaigre blanc

Préparation et utilisation
1 - Verser l'eau chaude dans la bouteille. Ajouter le savon noir et les gouttes d'huile essentielle. Secouer pour dissoudre le savon.
2 - Ajouter le bicarbonate de soude et les cristaux de soude à l'aide de l'entonnoir. Secouer.
3 - Remplir les deux bacs de l'évier d'eau chaude. Dans le premier, verser l'équivalent d'une cuillerée à soupe de produit vaisselle dégraissant. Dans le deuxième, verser un verre de vinaigre blanc pour rincer la vaisselle.

Liquide vaisselle spécial verres

Vous avez invité des amis à dîner et entre l'apéritif, le verre à vin, le verre à eau et le verre à champagne, vous croulez sous la vaisselle. Les verres sont rarement très sales mais demandent du soin. Alors, on met en route le programme « délicat ».

Matériel et ingrédients pour 1 litre :
- Une bouteille d'1 l et son bouchon
- Un entonnoir
- ½ l d'eau chaude
- 1 c. à s. de savon noir liquide
- 100 ml de vinaigre
- 20 gouttes d'huile essentielle de mandarine

Préparation et utilisation
1 - Verser l'eau chaude dans la bouteille. Ajouter les autres ingrédients. Secouer pour dissoudre le savon.
2 - Remplir l'évier d'eau chaude. Ajouter l'équivalent d'une cuillerée à soupe de liquide vaisselle. Laver les verres. Rincer. Essuyer avec un chiffon en microfibres.

Enlever le dépôt blanc sur les verres

Les tablettes 3 en 1 du commerce n'ont pas tenu leurs promesses et il s'est formé un dépôt blanc sur les verres ? L'eau courante de votre région est probablement très dure. C'est le moment de vérifier que votre lave-vaisselle est bien réglé pour éviter que ça ne se reproduise. En attendant, il faut se débarrasser du voile qui enlaidit vos verres : place au duo magique vinaigre et bicarbonate.

Matériel et ingrédients
- Un petit bol
- ½ l de vinaigre blanc
- ½ verre de bicarbonate de soude
- ½ verre d'eau

Préparation et utilisation
1 - Remplir l'évier d'eau chaude. Ajouter le vinaigre. Y faire tremper les verres une vingtaine de minutes.
2 - Pendant ce temps, verser le bicarbonate de soude et le ½ verre d'eau chaude dans le bol. Mélanger pour obtenir une pâte.
3 - Prélever un peu de la pâte au bicarbonate avec une éponge et astiquer les verres en insistant sur les zones de dépôt blanc.
4 - Rincer. Essuyer avec un chiffon doux.

Soin de la vaisselle en plastique

Allez, avouons-le, nous avons tous de la vaisselle en plastique, ne serait-ce que la vaisselle des enfants ou ces petites boîtes dans lesquelles on conserve les aliments. Traces de thé, de café, de sauce tomate, les plastiques ont tendance à se tacher facilement et à garder les odeurs.

Détacher avec du bicarbonate

Matériel et ingrédients

- Un bol
- 2 c. à s. de bicarbonate de soude
- 2 c. à s. d'eau

Utilisation

1 - Verser le bicarbonate de soude dans le bol. Ajouter l'eau. Mélanger pour former une pâte.
2 - Prélever un peu de pâte avec une éponge abrasive. Frotter la tache. Rincer.

Détacher avec de l'huile

La technique au bicarbonate de soude n'a pas eu raison des taches de sauce tomate ? Il reste un espoir : l'huile. Les taches de légumes colorés, comme la carotte ou la tomate, sont constituées de composés lipophiles et donc solubles dans les corps gras. Pour les faire partir, l'eau ne sera d'aucun secours, en revanche l'huile de cuisine sera parfaite.

Matériel et ingrédients

- Un chiffon en microfibres
- 1 c. à s. d'huile de cuisine

Utilisation

1 - Imbiber le chiffon avec l'huile. Frotter la tache.
2 - Enlever l'excès d'huile avec de l'eau chaude. Essuyer.

Désodoriser avec le percarbonate de soude

C'est vrai, il aurait été dommage de jeter cette purée d'ail. Mais maintenant, la boîte dans laquelle elle était conservée semble parfumée à l'ail pour toujours. Ou pas. Le percarbonate de soude est un oxydant qui, épaulé par les qualités abrasives du bicarbonate de soude, va détruire les molécules odorantes.

Matériel et ingrédients pour un bocal d'environ 200 ml

- Un pot en verre d'environ 200 ml et son couvercle
- 1 verre de bicarbonate de soude
- 1 verre de percarbonate de soude

Préparation et utilisation

1 - Verser les poudres dans le pot en verre. Mélanger.
2 - Saupoudrer le mélange sur la vaisselle à nettoyer. Humidifier une éponge avec de l'eau très chaude. Frotter. Rincer abondamment.

PROCHAIN ACHAT DE PLASTIQUE?
Privilégiez la fameuse mention « sans BPA » pour vos nouveaux achats. Depuis 2015 la vente en France de contenants alimentaires contenant du bisphénol A est interdite

Section lave-vaisselle

Ah, le lave-vaisselle, quelle belle invention ! Ça ne vous aura pas échappé, il n'y a ni brosse ni éponge dedans pour frotter les assiettes. Le lave-vaisselle a recours à une autre méthode de lavage qui fait appel à des produits lavants spécifiques. Comme vous n'êtes pas dans votre machine pour voir ce qui s'y passe, les industriels entretiennent le doute et essaient de vous faire croire qu'il vous faut une tablette prédosée compactée, emballée individuellement dans un beau plastique. Il est temps de reprendre le contrôle et de chasser les idées reçues !
Le prédosage c'est pratique, mais ça empêche d'adapter la quantité à la saleté de la vaisselle. Le compactage ça part d'un bon principe, mais si la poudre est trop compacte, elle se dissout mal et si elle n'est pas assez compacte, elle s'effrite. L'emballage individualisé n'est pas du tout nécessaire, autant doser soi-même. Le prix des tablettes n'est absolument pas justifié. On nous fait payer le conditionnement et le manque d'information.

Poudre lave-vaisselle au borax

Cette poudre pour lave-vaisselle comprend du gros sel pour adoucir l'eau et éviter le dépôt blanc sur les verres. Il n'est donc pas nécessaire d'ajouter du sel régénérant dans le lave-vaisselle, à moins que votre eau ne soit très dure. L'acide citrique joue quant à lui le rôle du liquide de rinçage.
Les cristaux de soude absorbent inévitablement de l'humidité. Une fois humides, ils réagissent avec l'acide citrique, ce qui annule leurs effets.
La poudre est tellement rapide et facile à faire qu'il vaut mieux en préparer de petites quantités. Si votre eau est très dure, il faudra plus de produit pour qu'il soit efficace.

Ingrédients et matériel pour 500 g

- Un bidon d'1 l
- Un entonnoir
- 200 g de borax
- 200 g de cristaux de soude
- 50 g d'acide citrique
- 50 g de gros sel
- 1 c. à c. d'huile essentielle de citron

Préparation et utilisation

1 - Placer l'entonnoir dans le goulot du bidon. Verser tous les ingrédients. Fermer. Secouer pour mélanger.
2 - Les cristaux de soude perdent de leur efficacité en présence d'eau. Conserver la poudre à l'abri de l'humidité et utiliser une cuillère sèche pour prélever la quantité nécessaire pour le lavage.
3 - Placer une cuillerée à soupe de poudre dans le bac à produit du lave-vaisselle par charge.

Poudre lave-vaisselle mini-budget

Tous les ingrédients se trouvent au supermarché pour quelques euros. Aucune excuse, la poudre pour lave-vaisselle maison, on commence aujourd'hui !
Les cristaux de soude perdent de leur efficacité avec l'humidité et peuvent réagir avec l'acide citrique. Pour une plus grande efficacité, il est préférable de conserver séparément le mélange sel/bases d'un côté et l'acide citrique de l'autre.

Ingrédients et matériel pour environ 500 g
- Un bidon d'1 l
- Un entonnoir
- 1 verre ½ de bicarbonate de soude
- 1 verre ½ de cristaux de soude
- ½ verre de gros sel
- ½ verre d'acide citrique

Préparation et utilisation
1 - Placer l'entonnoir dans le goulot du bidon. Verser les bases, bicarbonate de soude et cristaux de soude, puis le gros sel. Fermer. Secouer pour mélanger.
2 - Placer une cuillerée à soupe de mélange et une cuillerée à café d'acide citrique dans le bac à produit du lave-vaisselle par charge.

Liquide rinçage lave-vaisselle

Il permet principalement un séchage rapide et sans trace. Souvent à base de tensioactifs et parfois même de parfums, il peut être remplacé par du vinaigre blanc. C'est moins efficace et il restera peut-être des gouttes d'eau sur votre vaisselle, mais franchement, vous voulez boire dans des verres recouverts de tensioactifs ?

Ingrédients
- Vinaigre blanc

Utilisation
1 - Remplir le bac prévu pour le liquide de rinçage avec du vinaigre.
2 - Faire tourner le lave-vaisselle comme d'habitude.

Liquide lave-vaisselle

Une préférence pour les liquides ?
Pas de souci. Pour que cette recette soit performante, il faudra remplir le bac à liquide de rinçage avec du vinaigre.

Matériel et ingrédients
- Une bouteille d'1 l et son bouchon
- 1 l de vinaigre blanc
- 1 verre d'eau chaude
- 3 c. à s. de savon noir
- 3 c. à s. de gros sel
- 2 verres de bicarbonate de soude

Préparation et utilisation
1 - Remplir le bac pour liquide de rinçage avec du vinaigre blanc.
2 - Verser l'eau chaude dans la bouteille. Ajouter le savon noir. Fermer la bouteille. Agiter pour dissoudre le savon.
3 - Ajouter le sel et le bicarbonate. Secouer pour mélanger.
4 - Placer une cuillerée à soupe dans le bac à produit du lave-vaisselle par charge. Mélanger avant chaque utilisation.

Sel régénérant

Le sel régénérant du lave-vaisselle sert à adoucir l'eau en favorisant l'échange ionique entre le sel NaCl, plus soluble dans l'eau, et les sels calcifiants comme le chlorure de calcium. Si l'eau de votre région est très dure, il est préférable d'utiliser un sel. Le sel le plus efficace est composé exclusivement de chlorure de sodium NaCl et se présente sous forme de gros grains qui se dissolvent plus lentement et vont donc durer plus longtemps.

Ingrédients
- 1 kg de sel blanc en gros grains

Utilisation
1 - Verser dans le compartiment à sel régénérant.
2 - Faire tourner le lave-vaisselle comme d'habitude.

Cristaux de soude
Poudre lave-vaisselle
Borax
Acide citrique
Citroenzuur

Entretien du lave-vaiselle

Par définition, dans un lave-vaisselle, on met de la vaisselle… sale. Et elle va où la saleté ? La plus grande partie est évacuée avec l'eau. Mais certains résidus restent bloqués dans les recoins. Vous conviendrez que laver la vaisselle avec un lave-vaisselle sale est assez peu efficace. Pourtant, quelques gestes simples suffisent pour un lave-vaisselle sans reproche.

Rafraîchissement une fois par mois

Ingrédient
- 2 c. à s d'acide citrique

Utilisation
1 - Remplir le bac à produit avec l'acide citrique.
2 - Faire tourner un cycle complet à vide.

Le grand nettoyage une fois par an

Retirer toutes les parties amovibles, retirer le filtre et le vider. Tout laver avec du produit vaisselle. Le joint de la porte est un piège à résidus. Le brosser et le frotter avec du vinaigre blanc. Vérifier les sorties d'eau des bras rotatifs. Dérouler un trombone et utiliser la pointe pour dégager d'éventuels bouchons de calcaire ou de saleté.

En règle générale, on évitera le nettoyage régulier des objets suivants
- l'argenterie et les plats jetables en aluminium ;
- la vaisselle ornée de dorures ;
- les couverts en bois, en particulier bois collé ;
- les poêles et casseroles avec un revêtement antiadhésif ;
- vos couteaux de cuisine préférés ;
- les canettes et boîtes de conserve en métal ;
- les plats en fonte ;
- les plastiques jetables.

En revanche, le lave-vaisselle peut vous simplifier la vie pour nettoyer ponctuelle des objets assez improbables. Il faudra évidemment faire attention à la nature des matériaux. Par exemple, on écartera les plastiques de la chaleur en les plaçant de préférence dans le panier supérieur ou en lançant un programme à basse température.

Dans le panier supérieur
- brosse à légumes ;
- brosse de vaisselle ;
- éponges ;
- petits jouets en plastique ;
- tétines ;
- poignées de placard ;
- flacons et pots de cosmétiques.

Dans le panier inférieur
- les filtres de la hotte de cuisine ;
- les plus gros jouets ;
- biberons ;
- brosse de ménage ;
- gourdes de sport ;
- tongs ;
- gamelles et jouets pour animaux.

Dans le panier à couverts
- pinceau de maquillage ;
- peigne et brosse à cheveux ;
- pince à épiler ;
- rasoir ;
- clés.

Faire attendre la vaisselle

Il est parfois économique de ne faire tourner qu'un cycle de prélavage quand le lave-vaisselle n'est pas rempli. L'humidité et les résidus alimentaires font mauvais ménage et laissent des odeurs. Voici une astuce très simple pour faire attendre la vaisselle dans le lave-vaisselle.

Ingrédients
• ½ citron

Utilisation
1 - Placer le demi-citron dans le panier à couverts.
2 - Faire tourner le cycle de prélavage comme d'habitude.

VOTRE LAVE-VAISSELLE SAIT FAIRE PLEIN DE CHOSES
Le lave-vaisselle peut rendre de nombreux services. On gardera cependant en tête que des températures élevées sont souvent utilisées dans les programmes de lavage et que celles-ci ne s'accordent pas avec des matériaux fragiles comme certains plastiques ou le bois. Les cycles de rinçage acide, par ailleurs, ne font pas bon ménage avec les dorures, l'aluminium ou le cristal. Avant de remplir le lave-vaisselle, le mieux est encore de chercher le pictogramme de compatibilité qui représente soit des assiettes dans un lave-vaisselle, soit un verre retourné avec des gouttes d'eau.

Couteaux en céramique

Les couteaux en céramique possèdent une lame blanche ou noire, composée principalement d'oxyde de zirconium. Les lames noires contiennent en plus du carbone qui augmente la durée de vie de leur tranchant et, accessoirement, les rend moins salissantes. Mais ces couteaux supportent mal les torsions et n'apprécient guère le lave-vaisselle. Alors, on les lave à la main, comme tous les couteaux de valeur.

Détacher avec de l'huile

Les couteaux en céramique se tachent facilement. Les pigments qui s'imprègnent sont des composés organiques qui se dissolvent beaucoup mieux dans l'huile que dans l'eau, même savonneuse.

Matériel et ingrédients
- Un chiffon
- 1 c. à s. d'huile alimentaire

Utilisation
1 - Imbiber le chiffon avec l'huile. Frotter la lame des couteaux.
2 - Essuyer.

Détacher avec du bicarbonate de soude

Oui, encore lui ! Les propriétés absorbantes et légèrement abrasives du bicarbonate de soude viennent à bout de quasiment toutes les taches.

Matériel et ingrédients
- Une éponge avec une surface abrasive
- 1 c. à s. de bicarbonate de soude

Utilisation
1 - Humidifier l'éponge avec de l'eau. Verser le bicarbonate sur la surface abrasive de l'éponge.
2 - Frotter la lame des couteaux. Rincer avec de l'eau claire.
3 - Essuyer.

Planches à découper

Les planches à découper en voient de toutes les couleurs. Elles sont rayées, griffées par les coups de couteau. Elles sont mal traitées par les aliments les plus odorants et les plus pigmentés. Il est temps d'en prendre soin.

Nettoyant universel : le citron

En bois, plastique ou verre, toutes les planches à découper apprécieront ce traitement citronné.

Ingrédient
- ½ citron

Utilisation
1 - Frotter la planche avec la face coupée du citron.
2 - Rincer. Essuyer.

Avec du bicarbonate de soude

Le bicarbonate de soude, super-héros du nettoyage écologique, vient à la rescousse de toutes les planches à découper, même les plus sales.

Matériel et ingrédient
- Une brosse
- 1 c. à s. de bicarbonate de soude

Utilisation
1 - Prélever un peu de bicarbonate de soude avec une brosse. Frotter.
2 - Rincer. Essuyer

De l'huile pour le bois

Les planches en bois sont poreuses. Elles se tachent et absorbent les odeurs. Les liquides, les pigments colorés et les bactéries pénètrent par capillarité dans le bois. La nature est toutefois bien faite, car le bois possède des propriétés naturellement bactéricides. Mais pour les taches ? Il faut un solvant adapté. Toutes les huiles de cuisine peuvent dissoudre les saletés incrustées. L'huile de tournesol fera parfaitement l'affaire. Je lui préfère cependant l'huile d'olive. Cerise sur le gâteau, elle protège le bois et augmente la durée de vie de votre planche à découper.

Ingrédients

- Une brosse
- 1 ou 2 c. à s. d'huile de cuisine

Utilisation
1 - Verser un filet d'huile sur la planche. Frotter avec une brosse.
2 - Enlever l'excès d'huile avec un chiffon en microfibres.

Nettoie, récure et fait briller toutes les surfaces
Pierre d'argile

Métaux : cuivre, argent, bronze, chrome...

Les métaux se tachent et se ternissent. Il est assez facile de les raviver. En revanche, pas de miracle, il va falloir un peu d'huile de coude.

Avec une pierre d'argile

Matériel et ingrédients
- Un chiffon
- Une pierre d'argile (p. 31)

Utilisation
1 - Humidifier le chiffon et le frotter sur la pierre d'argile. Astiquer les métaux.
2 - Rincer. Sécher avec un chiffon en microfibres.

Avec de la cendre blanche

Non, la cendre de la cheminée n'est pas là que pour faire de la poussière dans le salon. Elle peut aussi vous rendre service. D'un pH basique, elle n'est pas agressive pour les métaux. Ses propriétés absorbantes font des merveilles pour raviver les cuivres, le laiton, les chromes.

Matériel et ingrédients
- Un bol
- Une éponge
- 1 c. à s de bicarbonate de soude
- 1 verre de cendre blanche
- 3 c. à s. d'eau

Préparation et utilisation
1 - Verser le bicarbonate et la cendre dans le bol. Mélanger. Ajouter juste ce qu'il faut d'eau pour obtenir une pâte.
2 - Humidifier l'éponge. Prélever un peu de pâte avec l'éponge et frotter tous les objets métalliques à raviver. Rincer à l'eau claire. Essuyer.

Avec du sel et de la farine

Matériel et ingrédients pour une casserole en cuivre
- Un chiffon
- 1 c. à s. de sel
- 1 c. à s. de farine
- ½ citron

Utilisation
1 - Jeter le sel et la farine en pluie dans la casserole. Frotter la casserole avec la face coupée du citron. Insister sur les taches.
2 - Rincer. Sécher avec un chiffon en microfibres.

Avec du vinaigre

Ingrédients
- 2 c. à s. de sel fin
- ½ verre de vinaigre blanc

Préparation et utilisation
1 - Verser le vinaigre dans la casserole. Saupoudrer de sel.
2 - Frotter avec une éponge. Rincer. Essuyer.

Redonner du brillant à l'argenterie avec du papier d'aluminium

Les taches sur les couverts en aluminium sont dues à l'oxydation. En plaçant l'argenterie dans un bain salé au contact du papier d'aluminium, un échange électrolytique s'opère et les traces d'oxydation disparaissent de vos couverts comme par magie. Mais ce n'est pas de la magie, c'est de la chimie !

Matériel et ingrédients
- Un plat profond en verre ou en céramique
- Feuilles de papier d'aluminium
- Eau bouillante
- 2 c. à s. de sel

Utilisation
1 - Tapisser le plat de papier d'aluminium.
2 - Verser l'eau bouillante jusqu'à 2 cm du bord. Ajouter le sel.
3 - Disposer les couverts en argent au fond du plat en prenant garde à ce qu'ils soient tous immergés et en contact avec l'aluminium. Laisser agir 10 à 20 minutes.
4 - Retirer les couverts avec une pince. Frotter avec un chiffon.
5 - Répéter l'opération si des taches persistent.

Les casseroles en fonte

Lourde, robuste et parfaite pour les cuissons lentes, la fonte a la cote. Sous ses airs indestructibles, elle est en réalité assez fragile. Un peu de douceur, s'il vous plaît.

Ingrédients
- 2 c. à s. d'huile d'olive
- 2 c. à c. de sel fin

Utilisation :
1 - Verser l'huile dans le fond de la poêle. Ajouter le sel. Frotter légèrement avec une éponge en faisant des petits mouvements circulaires.
2 - Rincer à l'eau chaude. Essuyer.

Méthode au dentifrice

Matériel et ingrédients
- Une brosse à dents
- Dentifrice

Utilisation
1 - Brosser les taches noires avec du dentifrice.
2 - Rincer et essuyer avec un chiffon en microfibres.

Les casseroles et les poêles sans téflon

Tout le monde a un jour oublié une casserole sur le feu. Le fond tout noir et brûlé ne doit pas vous effrayer. Il y a une solution.

Matériel et ingrédients
- Une brosse
- 1 verre d'eau
- 1 verre de vinaigre blanc
- 2 + 2 c. à s. de bicarbonate de soude

Préparation et utilisation
1 - Verser l'eau puis le vinaigre dans la casserole à nettoyer.
2 - Porter à ébullition.
3 - Retirer du feu. Ajouter 2 c. à s. de bicarbonate de soude. Attention, ça mousse. La réaction chimique entre le vinaigre et le bicarbonate de sodium libère un dégagement gazeux de CO_2.
Ne pas respirer à pleins poumons. Laisser refroidir.
4 - Vider le contenu de la casserole dans l'évier. La casserole a déjà l'air plus en forme.
5 - Ajouter les 2 dernières cuillerées à soupe de bicarbonate de soude. Récurer avec une brosse. Rincer.

Les ustensiles et le petit électroménager

Cuisiner comme un chef n'a jamais été aussi facile. Des ustensiles de qualité professionnelle sont désormais accessibles au grand public. Encore faut-il en prendre soin.

Laver son blender avec du produit vaisselle

Le produit vaisselle spécial verre est parfait pour le blender.

Ingrédient
- 1 c. à s. de produit vaisselle spécial verre

Utilisation
1 - Remplir le pichet du blender à moitié avec de l'eau. Ajouter le produit vaisselle.
2 - Couvrir avec le couvercle. Faire tourner le blender à pleine puissance. Ça mousse ! Jeter l'eau. Rincer.

Laver son blender avec du vinaigre chaud

Le vinaigre chaud viendra à bout des taches les plus tenaces.

Ingrédients
- Eau bouillante
- Un verre de vinaigre blanc

Utilisation
1 - Remplir le pichet du blender à moitié avec de l'eau bouillante. Ajouter le vinaigre.
2 - Couvrir avec le couvercle et faire tourner à pleine puissance. Jeter l'eau. Rincer.

Méthode immédiate et express

Le plus important avec un blender, c'est de le laver juste après utilisation.

Ingrédient
- Un jet de vinaigre blanc

Utilisation
1 - Remplir le pichet du blender à moitié avec de l'eau. Ajouter un jet de vinaigre.
2 - Couvrir avec le couvercle. Faire tourner le blender à pleine puissance. Jeter l'eau. Rincer.

Laver et désodoriser son blender avec du bicarbonate de soude

Le bicarbonate de soude, encore lui ! C'est l'homme à tout faire du nettoyage écolo. D'une part, il neutralise les odeurs. D'autre part, ses fines particules, lancées à pleine vitesse contre les parois du pichet du blender par les lames, jouent le rôle d'un abrasif doux qui va décoller la saleté. Et pendant ce temps-là, vous n'avez qu'à observer ce tourbillon faire le travail à votre place.

Ingrédients
- 2 c. à s. de bicarbonate de soude
- 2-3 gouttes d'huile essentielle de citron

Préparation et utilisation
1 - Verser le bicarbonate de soude et les gouttes d'huile essentielle dans le pichet du blender.
2 - Le remplir à moitié d'eau. Faire tourner à pleine vitesse. Jeter l'eau. Rincer.

ROBOT MÉNAGER
Franchement, on se demande parfois si les fabricants de robots ménagers ont fait la vaisselle une fois dans leur vie. Des parties amovibles, des parties fixes avec des recoins, des matériaux différents, de quoi vous décourager d'utiliser le robot. En fait, ce n'est pas si compliqué que ça et il serait dommage de se priver des services qu'il peut rendre.

Laver son robot ménager avec du produit vaisselle

La plupart des pièces peuvent se laver au lave-vaisselle mais elles sont souvent encombrantes et prennent toute la place. Je préfère tout laver à la main juste après utilisation. Les meilleures méthodes étant souvent les plus simples, un peu de produit vaisselle suffira.

Ingrédient
• 1 c. à s. de produit vaisselle

Utilisation
1 - Remplir l'évier d'eau chaude. Ajouter le produit vaisselle. Y plonger toutes les pièces du robot ménager.
2 - Laver. Rincer. Essuyer.

Laver son robot ménager avec de l'huile

C'est l'histoire des carottes râpées...
Tout le monde la connaît. Il faut cinq minutes pour les préparer mais une heure pour nettoyer le robot relooké en orange. Les pigments des légumes colorés sont beaucoup plus solubles dans les corps gras que dans l'eau, même savonneuse.

Matériel et ingrédients
• Un chiffon en microfibres
• 1 c. à s. d'huile alimentaire
• Une éponge
• Quelques gouttes de produit vaisselle

Préparation et utilisation
1 - Imbiber le chiffon avec l'huile. Astiquer les zones tachées.
2 - Verser quelques gouttes de liquide vaisselle sur une éponge humide. Frotter pour enlever l'excès d'huile. Rincer à l'eau chaude. Essuyer.

MANDOLINE

Je ne sais pas vous, mais moi, j'adore ma mandoline. Je m'en sers tout le temps. Alors forcément, elle se salit, se tache. Et puis, il y a ces recoins, véritables pièges dans lesquels des petits morceaux de légumes restent coincés. Le plus efficace est encore de démonter les pièces amovibles tout de suite après utilisation et de rincer à l'eau. Parfois, ça suffit, et parfois, il faut passer la vitesse supérieure. Voici comment.

Laver une mandoline avec de l'huile

Parce que même les courgettes, ça tache !

Matériel et ingrédients
- Un chiffon en microfibres
- 1 c. à s. d'huile alimentaire
- Une éponge
- Quelques gouttes de produit vaisselle

Préparation et utilisation

1 - Imbiber le chiffon avec l'huile. Astiquer les zones tachées.

2 - Verser quelques gouttes de liquide vaisselle sur une éponge humide. Frotter pour enlever l'excès d'huile. Rincer. Essuyer.

Laver une mandoline avec du bicarbonate

Matériel et ingrédients
- Une éponge avec une face abrasive
- Une brosse à dents
- 1 ou 2 c. à s. de bicarbonate de soude

Utilisation

1 - Humidifier l'éponge. Saupoudrer la partie abrasive avec du bicarbonate de soude.

2 - Frotter avec l'éponge puis avec la brosse à dents pour accéder aux recoins. Rincer. Essuyer.

Détartrer une bouilloire électrique avec du vinaigre

Ingrédient
- 1 verre de vinaigre

Utilisation

1 - Remplir la bouilloire à moitié avec de l'eau. Ajouter le vinaigre. Faire bouillir.

2 - Jeter le mélange eau/vinaigre. Rincer plusieurs fois avec de l'eau du robinet.

Détartrer une bouilloire électrique avec de l'acide citrique

Ingrédient
- 1 c. à s. d'acide citrique

Utilisation

1 - Remplir la bouilloire à moitié avec de l'eau. Ajouter l'acide citrique. Faire bouillir.

2 - Jeter le mélange eau/acide. Rincer plusieurs fois avec de l'eau du robinet.

Section rouille

La rouille est la manifestation de l'oxydation du fer métallique Fe présent dans l'acier, en oxyde de fer III hydraté Fe_2O_3 en présence d'eau. Pas d'eau, pas de rouille. L'ennemi numéro un, c'est donc l'humidité. Veillez à ce que vos objets en acier restent bien secs. Il est possible de protéger certains objets en acier, les lames des couteaux par exemple, en les enduisant d'huile alimentaire. Elle forme une pellicule qui agit comme une barrière contre l'humidité.

Enlever la rouille avec du vinaigre et du sel

La rouille, cet oxyde de couleur rouge, est friable et peut réagir avec certains acides, notamment l'acide acétique présent dans le vinaigre. L'oxyde de fer III Fe_2O_3 réagit avec l'acide acétique MeCOOH pour former de l'acétate de fer $Fe(MeCOO)_3$ selon une réaction incomplète, c'est-à-dire qui s'arrête à un équilibre dans lequel coexistent l'oxyde de fer III et l'acétate de fer. Si on ajoute du sel NaCl, l'acétate de fer se transforme en chloroferrate de sodium $FeCl_4Na$, très soluble. Il y a alors moins d'acétate de fer en solution, l'acide acétique peut de nouveau réagir avec l'oxyde de fer III. En d'autres termes, l'équilibre de la réaction est déplacé vers la consommation totale d'oxyde de fer III et vers la disparition de la rouille.

Matériel et ingrédients

- Deux bassines ou plats creux assez grands pour accueillir les objets rouillés
- Assez de vinaigre pour couvrir les objets rouillés
- Une feuille de papier aluminium
- 1 ou 2 c. à s. de sel
- 2 c. à s. de cristaux de soude

Utilisation

1 - Verser le vinaigre et le sel dans la première bassine. Déposer les objets rouillés. Laisser agir quelques heures.
2 - Remplir la deuxième bassine d'eau. Ajouter les cristaux de soude. Mélanger pour les dissoudre.
3 - Rouler la feuille de papier d'aluminium en boule. Sortir les objets rouillés de leur bain de vinaigre et les frotter avec la boule d'aluminium pour détacher les éventuelles traces.
4 - Les plonger dans le bain de cristaux de soude pour neutraliser l'acidité du vinaigre. Rincer à l'eau claire. Essuyer.

Avec une pomme de terre

Une pomme de terre ? Oui, parce qu'elle contient de l'acide oxalique. Les propriétés abrasives du bicarbonate de soude vont aider à décoller la rouille.

Ingrédients
- Une coupelle
- 1 pomme de terre
- 2 c. à s. de bicarbonate de soude

Utilisation
1 - Verser le bicarbonate dans la coupelle. Couper la pomme de terre en deux. Tremper la face coupée de la pomme de terre dans le bicarbonate.
2 - Frotter la partie rouillée.
3 - Si la pomme de terre devient visqueuse, trancher l'extrémité. Imprégner de nouveau la face coupée de la pomme de terre dans le bicarbonate et continuer à frotter les zones rouillées.
4 - Rincer. Essuyer.

Avec du citron

Il s'agit du même principe qu'avec le vinaigre. Ici, c'est l'acide citrique du citron qui va transformer l'oxyde de fer III en citrate de fer. Dans ma grande générosité, je vous fais grâce du cours de chimie.

Matériel et ingrédients
- Une bassine ou un plat creux assez grand pour accueillir les objets rouillés
- ½ citron
- 1 ou 2 c. à s. de sel
- 2 c. à s. de cristaux de soude

Utilisation
1 - Saupoudrer du sel sur la face coupée du citron. Frotter les taches de rouille avec le citron en pressant légèrement pour faire sortir un peu de jus. Laisser agir si nécessaire et renouveler le brossage avec le citron.
2 - Remplir la bassine d'eau. Ajouter les cristaux de soude. Mélanger pour les dissoudre.
3 - Plonger les objets dans le bain de cristaux de soude pour neutraliser l'acidité du citron. Rincer à l'eau claire. Essuyer.

Avec du cola

Si dans un moment d'égarement vous avez acheté une cannette de cola, vous pouvez toujours la recycler en antirouille. Pourquoi ? Parce que le cola contient de l'acide phosphorique qui peut convertir l'oxyde de fer III en phosphate de fer. Une couche noire de phosphate ferrique se forme. Après brossage, votre lame rouillée sera comme neuve.

Matériel et ingrédients
- Une bassine ou un plat creux assez grand pour accueillir les objets rouillés
- Assez de cola pour couvrir les objets rouillés
- Une feuille de papier d'aluminium

Utilisation
1 - Verser le cola dans la première bassine. Déposer les objets rouillés. Laisser agir quelques heures à une nuit.
2 - Rouler la feuille de papier d'aluminium en boule. Sortir les objets rouillés de leur bain de cola et les frotter avec la boule d'aluminium pour enlever la couche noire.
3 - Rincer. Essuyer.

La poubelle

Nettoyer la poubelle

Matériel et ingrédients
- Un vaporisateur de vinaigre
- Une brosse
- Un chiffon

Utilisation
1 - Vaporiser abondamment avec du vinaigre. Laisser agir une vingtaine de minutes.
2 - Brosser pour décoller la saleté.
3 - Essuyer avec un chiffon.

Désodoriser la poubelle

Mieux vaut prévenir que guérir. Rien de tel contre les odeurs que le bicarbonate de soude

Ingrédients
- Un verre de bicarbonate de soude

Utilisation
1 - Saupoudrer abondamment dans la poubelle.

Plan de travail : bois, granit, inox, céramique

NETTOYANTS UNIVERSELS

Au savon de Marseille

Voici le produit qui convient pour tout, qui n'abîmera aucune surface et qui viendra à votre secours pour toutes les petites taches du quotidien.

Matériel et ingrédients pour 1 litre
- Une casserole de 2 l
- Une râpe ou un robot ménager
- Un bidon d'1 l et son bouchon
- Un entonnoir
- 1 l d'eau
- 100 g de savon de Marseille
- 1 c. à c. d'huile essentielle de votre choix

Préparation et utilisation
1 - Verser l'eau dans la casserole. Râper le savon de Marseille. Le jeter en pluie dans la casserole. Faire chauffer doucement sans porter à ébullition. Remuer jusqu'à ce que le savon de Marseille soit dissous. Ajouter l'huile essentielle de votre choix.
2 - Placer l'entonnoir dans le goulot du bidon. Verser le contenu de la casserole dans le bidon. Laisser reposer une nuit. La préparation se fige sous forme de gel.
3 - Agiter avant chaque emploi. Utiliser un bouchon de préparation à diluer dans un litre d'eau.

Au savon noir liquide

Zut, il n'y a plus de produit multi-usage dans le placard ! Voici une version express. L'ajout de vinaigre permet de lutter en même temps contre le calcaire. Il n'y a pas de petits profits !

Matériel et ingrédients pour 1 litre
- Un bidon d'1 l et son bouchon
- Un entonnoir
- 800 ml d'eau chaude
- 3 c. à s. de savon noir liquide
- 1 verre de vinaigre blanc
- 1 c. à c. d'huile essentielle de votre choix

Préparation et utilisation
1 - Placer l'entonnoir dans le goulot du bidon. Verser, dans cet ordre, l'eau chaude, le savon noir, le vinaigre et l'huile essentielle. Fermer. Agiter vivement pour dissoudre le savon noir.
2 - Utiliser un bouchon à diluer dans un litre d'eau.

Entretien des surfaces en marbre ou en granit

Les surfaces en marbre et en granit sont sensibles à l'acidité. Il est préférable d'éviter le vinaigre et le citron. Heureusement, il reste de nombreuses méthodes pour entretenir les surfaces en pierre.

Nettoyage express à la pierre d'argile

Voici la pierre magique ! Elle combine les propriétés dégraissantes et doucement abrasives de l'argile aux qualités lavantes du savon.

Matériel et ingrédients
- Une éponge
- Une pierre d'argile (p. 31)

Utilisation
1 - Mouiller l'éponge. La frotter sur la pierre ponce. Astiquer toutes les surfaces à nettoyer.
2 - Rincer avec de l'eau et sécher avec un chiffon propre.

Avec du liquide vaisselle

Plus simple, tu meurs !

Matériel et ingrédients
- Un saladier
- Une éponge
- ½ l d'eau chaude
- 1 c. à s. de liquide vaisselle dégraissant (p. 68)

Préparation et utilisation
1 - Verser l'eau chaude dans le saladier. Ajouter le produit vaisselle.
2 - Plonger une éponge dans cette solution et astiquer tout le plan de travail. Rincer.
3 - Sécher avec un chiffon.

Spray à l'alcool

Non seulement l'alcool est désinfectant mais en plus, il permettra un séchage rapide et sans trace.

Matériel et ingrédients pour un vaporisateur de 750 ml
- Un vaporisateur de 750 ml
- Un entonnoir
- 3 c. à s. d'alcool à 70°
- 1 c. à c de savon noir
- Eau chaude pour compléter

Préparation et utilisation
1 - Placer l'entonnoir dans le goulot du vaporisateur. Verser tous les ingrédients. Fermer. Secouer pour mélanger.
2 - Vaporiser sur toute la surface à nettoyer. Essuyer avec un chiffon en microfibres.

Entretien des surfaces en bois

Le bois demeure un matériau sensible. Il réagit à la lumière, à la chaleur, à l'eau. Il demande quelques précautions.

Avec de l'huile et du vinaigre

Un peu de vinaigre pour nettoyer, un peu d'huile pour nourrir, un peu de romarin pour ses propriétés bactéricides et antifongiques et c'est tout !

Matériel et ingrédients pour ½ litre :

- Un vaporisateur d'½ l
- Un entonnoir
- 1 verre de vinaigre
- 1 verre d'huile d'olive
- Une dizaine de gouttes d'huile essentielle de romarin

Préparation et utilisation :

1 - Placer l'entonnoir dans le goulot du vaporisateur. Verser tous les ingrédients. Fermer. Secouer vivement pour émulsionner. Il faudra agiter avant chaque utilisation.
2 - Vaporiser sur le plan de travail. Astiquer avec un chiffon doux.

Effacer des griffures sur le bois avec des noix du Brésil

Ingrédient :

- Une poignée de noix du Brésil

Utilisation :

1 - Couper les noix en deux. En saisir une moitié et frotter vigoureusement la face coupée sur la griffure.
2 - Renouveler l'opération si nécessaire. Faire de même pour toutes les griffures.

Nettoyer un bois très sale

Même un bois très sale mérite de la délicatesse.

Matériel et ingrédients

- Un jet d'eau chaude
- Une spatule à pâtisserie
- Un petit saladier
- Une brosse
- ½ l d'eau chaude
- Quelques gouttes de liquide vaisselle

Préparation et utilisation

1 - Asperger les éventuels résidus incrustés avec un peu d'eau chaude. Laisser agir une vingtaine de minutes. À l'aide d'une spatule à pâtisserie, décoller délicatement les résidus. Prendre garde à ne pas rayer le plan de travail.
2 - Dans le saladier, verser l'eau chaude puis le produit vaisselle. Mélanger et y plonger la brosse.
3 - Brosser le plan de travail en insistant sur les zones les plus sales.
4 - Rincer. Sécher avec un chiffon.

Redonner de la jeunesse à un bois foncé, sale et taché

L'usure, le soleil, autant d'agressions pour votre bois qui se fatigue et se ternit. Il est temps de lui redonner une deuxième jeunesse. La première étape décape et détache. La deuxième étape nourrit et redonne des couleurs.

Matériel et ingrédients

- Un morceau de papier de verre très fin
- Un bol
- 1 citron
- 1 c. à s. de marc de café
- 1 verre d'huile d'olive

Préparation et utilisation

1 - Poncer délicatement les taches avec le papier de verre.
2 - Couper le citron en deux et frictionner les taches avec la face coupée en pressant légèrement pour faire sortir un peu de jus.
3 - Laisser sécher.
4 - Mélanger le marc de café et l'huile d'olive. Appliquer sur toute la surface avec un chiffon.
5 - Enlever l'excès de café/huile avec un chiffon.

Supprimer les taches d'un bois clair

Les bois clairs sont très salissants. Le percarbonate de soude est un agent blanchissant puissant qui peut rafraîchir les bois tachés.

Matériel et ingrédients

- Un morceau de papier de verre très fin
- Un bol
- Une brosse
- Un vaporisateur d'un demi-litre et son bouchon
- 1 c. à s. de percarbonate de soude
- 1 verre d'eau très chaude
- 1 c. à s. d'huile d'olive
- 2 c. à s. de vinaigre
- 1 verre d'eau

Préparation et utilisation

1 - Poncer délicatement les taches avec le papier de verre.
2 - Mélanger le percarbonate et le verre d'eau dans un bol. Tremper une brosse dans le bol et frotter les taches. Rincer à l'eau claire.
3 - Verser l'huile d'olive, le vinaigre et l'eau dans le vaporisateur. Agiter pour émulsionner. Vaporiser sur toute la surface. Frictionner avec un chiffon.

Robinet, bec du mélangeur

Il y a toujours un peu d'eau qui stagne au pied du robinet. Le résultat est agaçant : des traces blanches de calcaire. Le moyen le plus efficace d'éviter les traces blanches, c'est d'essuyer l'eau tout de suite. Dans la vraie vie, c'est difficile à faire.

Enlever le calcaire des robinets avec du vinaigre

Ingrédients
- Vinaigre blanc dans un vaporisateur d'½ l ou d'1 l

Utilisation
1 - Vaporiser le vinaigre sur les traces de calcaire.
2 - Humidifier un chiffon avec de l'eau très chaude. L'enrouler autour du robinet. Laisser agir une vingtaine de minutes. Essuyer avec un chiffon en microfibres.

Enlever le calcaire des robinets avec de l'acide citrique

Ingrédients
- 1 verre d'acide citrique

Utilisation
1 - Mouiller le contour des robinets. Saupoudrer les zones à traiter avec de l'acide citrique.
2 - Humidifier un chiffon avec de l'eau très chaude. L'enrouler autour du robinet. Laisser agir une vingtaine de minutes. Essuyer avec un chiffon en microfibres.

Enlever le calcaire des robinets avec du citron

Ingrédients
- ½ citron

Utilisation
1 - Frotter la face coupée du citron sur les traces de calcaire. Rincer.
2 - Essuyer avec un chiffon en microfibres.

Détartrer le bec du mélangeur

Le vinaigre c'est bien. Mais le vinaigre chaud, c'est plus efficace et plus rapide.

Matériel et ingrédients
- Une petite casserole
- 1 verre d'eau
- 1 verre de vinaigre blanc

Préparation et utilisation
1 - Démonter le bec du mélangeur.
2 - Faire bouillir l'eau et le vinaigre dans la casserole. Retirer du feu. Y plonger le bec du mélangeur. Laisser agir une vingtaine de minutes.
3 - Rincer à l'eau courante. Remonter le bec du mélangeur.

Évier : inox, céramique, pierre

Poudre à récurer désinfectante pour l'inox

Avant de jeter cette belle salade du marché dans l'évier pour la laver, il serait bon de s'assurer qu'il est propre, non ? Le clou de girofle possède des propriétés antifongiques et bactéricides très puissantes. Son odeur tenace est adoucie par le citron. Ajoutez l'abrasif bicarbonate de sodium et le pouvoir dégraissant du savon et vous obtenez la crème à récurer la plus complète.

Matériel et ingrédients
- Un pot en verre d'environ 300 ml avec son couvercle
- Une brosse
- 200 g de bicarbonate de soude
- 10 gouttes d'huile essentielle de citron
- 10 gouttes d'huile essentielle de clou de girofle
- 1 à 2 c. à s. de savon noir liquide

Préparation et utilisation

1 - Placer le bicarbonate de soude dans le pot en verre. Ajouter les huiles essentielles. Mélanger. On obtient une grande quantité de cette poudre. Elle conviendra pour plusieurs utilisations.
2 - Mouiller l'évier et saupoudrer avec un peu de mélange au bicarbonate. Si l'évier est très sale, laisser agir une nuit.
3 - Verser le savon noir liquide en zigzag.
4 - Frotter avec la brosse. Rincer. Essuyer.

Poudre à récurer douceur pour évier en faïence

Les éviers en faïence se rayent facilement si on utilise un abrasif trop rude. Le bicarbonate de soude offre la juste balance. Assez doux pour ne pas marquer l'évier, il est aussi suffisamment costaud pour le nettoyer en profondeur. Pour augmenter son efficacité, il est associé au vinaigre. C'est une crème à usage unique. Adaptez les quantités à vos besoins et les huiles essentielles à vos goûts.

Matériel et ingrédients
- Un bol
- Une brosse
- ½ verre de bicarbonate de soude
- ¼ verre de vinaigre
- 5 gouttes d'huile essentielle de pamplemousse (ou autre)

Préparation et utilisation

1 - Mélanger tous les ingrédients dans le bol pour obtenir la consistance d'une pâte. Ça mousse ! La réaction entre le bicarbonate de soude et le vinaigre produit un petit dégagement gazeux de CO_2. Ajouter une ou deux cuillerées à soupe de vinaigre supplémentaires si la pâte est trop épaisse pour être versée facilement.
2 - Verser en zigzag dans l'évier. Frotter avec la brosse.
3 - Rincer et essuyer avec un chiffon en microfibres.

Blanchir un évier en émail

Le percarbonate de soude libère du peroxyde d'hydrogène au contact de l'eau. Cet agent de blanchiment puissant peut raviver votre évier blanc.

Matériel et ingrédients
- Une brosse
- 2 c. à s. de percarbonate de soude

Utilisation
1 - Mouiller l'évier avec de l'eau très chaude. Saupoudrer de percarbonate de soude.
2 - Brosser en insistant sur les taches. Remplir l'évier d'eau bouillande. Laisser agir une nuit.
3 - Rincer.

Enlever les taches de gras

Avec du vinaigre parfumé au citron

Vous avez préparé le vinaigre parfumé au citron selon la recette de la page 22, utilisez-le. Sinon, il suffit de suivre la méthode express ci-dessous.

Matériel et ingrédients pour ½ litre
- Un vaporisateur d'½ l
- 500 ml de vinaigre parfumé au citron ou 500 ml de vinaigre
- 20 gouttes d'huile essentielle de citron

Utilisation
1 - Verser le vinaigre dans le vaporisateur. Ajouter les gouttes d'huile essentielle de citron. Agiter.
2 - Vaporiser le vinaigre sur toutes les surfaces à dégraisser. Laisser agir une dizaine de minutes. Essuyer avec une éponge humide, puis avec un chiffon.

Avec de la terre de Sommières

Après l'huile, je vous fais le coup de la terre, mais la terre de Sommières, messieurs, dames. Je ne vous aurais vraiment rien épargné !

Ingrédient :
- 1 verre de terre de Sommières

Utilisation :
1 - Verser la terre de Sommières sur les taches grasses. Laisser agir une heure à une nuit.
2 - Avec une éponge humide, enlever l'excès de terre de Sommières. Les taches grasses sont emportées.
3 - Rincer. Essuyer.

Avec du bicarbonate de soude

Matériel et ingrédients
- Une éponge avec une face légèrement abrasive
- 1 ou 2 c. à s. de bicarbonate de soude

Utilisation
1 - Humidifier l'éponge. Y saupoudrer le bicarbonate de soude. Frotter.
2 - Rincer abondamment pour enlever l'excès de bicarbonate.
3 - Essuyer avec un chiffon.

Avec de l'huile

Si les autres méthodes ont échoué, il reste une solution. Oui, avec de l'huile. Rien de tel que du gras pour enlever des taches de gras. L'huile va dissoudre les saletés cramées et incrustées.

Matériel et ingrédients
- Une éponge avec une face abrasive
- 1 ou 2 c. à s. d'huile alimentaire
- Quelques gouttes de produit vaisselle dégraissant maison

Utilisation
1 - Faire couler un filet d'huile sur les surfaces à nettoyer.
2 - Récurer les surfaces à nettoyer à l'aide de la surface abrasive de l'éponge. Rincer l'éponge avec de l'eau chaude.
3 - Verser quelques gouttes de produit vaisselle dégraissant sur l'éponge. Frotter toute la surface à nettoyer. Rincer avec de l'eau.
4 - Essuyer avec un chiffon.

Avec une crème à récurer

Matériel et ingrédients pour 1,5 litre
- Une bouteille d'1,5 l et son bouchon
- Un entonnoir
- 2 verres de bicarbonate de soude
- 1 verre de sel fin
- 1 c. à s. de savon noir liquide
- 20 gouttes d'huile essentielle de géranium
- 2 verres d'eau

Préparation et utilisation
1 - Placer l'entonnoir dans le goulot de la bouteille. Verser tous les ingrédients. Secouer vivement.
2 - Verser l'équivalent d'une cuillerée à soupe sur la surface à nettoyer. Frotter avec une éponge humide. Rincer avec de l'eau claire. Essuyer avec un chiffon doux.

Note : il est important d'agiter la bouteille avant chaque usage.

Plaques de cuisson

Difficile d'éviter les projections et les débordements sur les plaques de cuisson quand on cuisine. Mais il est plus facile de s'en débarrasser qu'on ne le pense.

Cuisinière à gaz

Les méthodes les plus simples sont toujours les meilleures.

Matériel et ingrédients
- Une éponge
- Eau bouillante
- Quelques gouttes de liquide vaisselle

Utilisation
1 - Verser une fine couche d'eau bouillante sur la totalité de la cuisinière à gaz. Laisser agir une dizaine de minutes. L'eau bouillante réhydrate les résidus cramés et les ramollit.
2 - Frotter avec l'éponge pour décoller les saletés et les retirer. Éponger l'eau.
3 - Verser quelques gouttes de liquide vaisselle, frotter avec l'éponge pour retirer les dernières saletés. Rincer. Essuyer.

Nettoyer les plaques de cuisson à induction ou vitrocéramiques avec une pierre d'argile

Vos plaques de cuisson sont sales ? Bravo, vous avez cuisiné ! Grâce à la pierre d'argile, la corvée de nettoyage est rapide.

Matériel et ingrédients
- Une éponge
- Une pierre d'argile (p. 31)

Utilisation
1 - Humidifier l'éponge. La frotter sur la pierre d'argile.
2 - Laver avec l'éponge imprégnée de pierre d'argile. Rincer. Essuyer avec un chiffon en microfibres.

1000ml

Dégraisser les grilles des brûleurs de la cuisinière à gaz

Matériel et ingrédients
- Un sac congélation assez grand pour contenir le brûleur
- Un grand plat
- 1 c. à s. de cristaux de soude
- 1 verre d'eau

Utilisation
1 - Verser l'eau et les cristaux de soude dans un sac congélation. Fermer. Secouer pour dissoudre.
2 - Glisser la grille de brûleur dans le sac congélation. Fermer. Placer dans le plat. Laisser agir une nuit. Recommencer avec les autres grilles.
3 - Retirer les brûleurs des sacs. Brosser si nécessaire.
4 - Rincer abondamment. Sécher.

Hotte

Autant ne pas se voiler la face, nettoyer la hotte demande quelques contorsions. On doit se glisser en dessous pour accéder à toute la surface. Franchement peu pratique. Alors il faut des solutions simples pour l'entretien. Les grilles des filtres se démontent et se glissent dans le lave-vaisselle, merci bien. Pour le reste, voici quelques méthodes.

Avec du citron

Ingrédient :
- 1 citron

Utilisation :
1 - Couper le citron en deux. Frotter la face coupée sur la hotte en pressant légèrement pour en extraire le jus qui va dissoudre les graisses.
2 - Essuyer avec un chiffon en microfibres.

Avec une pierre d'argile

Matériel et ingrédients :
- Une éponge
- Une pierre d'argile

Utilisation :
1 - Humidifier l'éponge. La frotter sur la pierre d'argile.
2 - Frotter la hotte avec l'éponge imprégnée de pierre d'argile. Rincer à l'eau claire. Essuyer avec un chiffon en microfibres.

Four et accessoires

Vous avez remarqué ? Les plats qu'on met dans le four débordent toujours. Et si ce n'est pas le gratin qui déborde, c'est le petit morceau de cookies qui tombe au fond, là où c'est trop chaud pour aller le chercher et où on l'oublie jusqu'à ce qu'il carbonise lors de la cuisson suivante. Bref, c'est quasiment impossible de conserver un four et des accessoires nickel.

Entretien au quotidien avec une pierre d'argile

La pierre d'argile combine des propriétés nettoyantes et récurrentes. Parfaite pour un entretien rapide et régulier.

Matériel et ingrédients

- Une éponge
- Une pierre d'argile (p. 31)

Utilisation

1 - Humidifier une éponge et la frotter sur la pierre d'argile. Récurer le four avec l'éponge.
2 - Rincer abondamment à l'eau claire. Essuyer.

Décapant au gros sel

Aux grands maux, les grands remèdes. Contre les résidus cramés dans le four, il faut un abrasif costaud qui va faire le travail à votre place : le gros sel.

Matériel et ingrédients
- Un vaporisateur de vinaigre
- Un chiffon
- 1 verre de gros sel

Utilisation
1 - Préchauffer le four à 50 °C.
2 - Vaporiser du vinaigre sur les parois du four, en particulier sur les résidus cramés. Fermer le four puis l'éteindre. Laisser agir 30 minutes.
3 - Prélever un peu de gros sel avec un chiffon mouillé et frotter.
4 - Rincer abondamment à l'eau claire. Essuyer.

Alternative : utiliser du bicarbonate de soude au lieu du gros sel.

Dégraissant à la terre de Sommières

Des projections et taches de graisses réfractaires ? On passe à la terre de Sommières.

Matériel et ingrédients
- Un bol
- 2 c. à s. de terre de Sommières
- 2 c. à s. de sel fin

Préparation et utilisation
1 - Verser les ingrédients dans le bol. Mélanger. Déposer un peu de mélange sur les taches grasses. Laisser agir une vingtaine de minutes.
2 - Humidifier un chiffon. Frotter. Rincer.

Décapant pour grille et lèchefrite au percarbonate de sodium

Le percabonate de sodium présente des propriétés oxydantes et blanchissantes. Il ne manque que la basicité du bicarbonate de soude pour venir à bout de la graisse et autres résidus cramés sur la plaque de cuisson.

Matériel et ingrédients :
- Un bol
- Une feuille d'aluminium
- ½ verre de bicarbonate de soude
- ½ verre de percarbonate de soude
- 1 verre d'eau très chaude

Préparation et utilisation :
1 - Mélanger les poudres dans le bol. Ajouter l'eau et mélanger pour obtenir une pâte.
2 - Verser sur la lèchefrite. Bien répartir sur toute la surface. Laisser agir une nuit.
3 - Froisser la feuille d'aluminium pour former une boule. Frotter la plaque avec la boule.
4 - Rincer abondamment. Essuyer.
5 - Répéter les étapes 1 à 4 si nécessaire.

Frigo : nettoyage, odeur, dégivrage

La sensibilisation au respect de la chaîne du froid est partout. Tout aussi importante pour vos aliments, la propreté du frigo reste quant à elle souvent sur la touche. Alors, on se retrousse les manches et on s'y attelle.
OK, j'admets. Il n'existe pas de technique sans effort pour nettoyer le frigo. Ça prend du temps. Par où commencer ? D'abord, il faut le vider. Oui, oui, la porte aussi. C'est l'occasion de faire le tri et de se débarrasser de ce qui est périmé. Et de prendre la résolution de surveiller de plus près, à l'avenir, le contenu du frigo pour ne plus rien jeter.

Laver les bacs, les plaques et les éléments amovibles du frigo

Il y a de nombreuses parties amovibles dans un frigo. Il est beaucoup plus efficace de les retirer pour les nettoyer. Un peu de liquide vaisselle (p. 68) dans un grand bac d'eau chaude et le tour est joué.

Laver et purifier avec du bicarbonate de soude

En cas de doute, bicarbonate de soude. Peu cher, simple, efficace, le bicarbonate de soude est votre allié universel. C'est vrai aussi pour le frigo. Il nettoie et empêche les bactéries de se développer.

Ingrédients et matériel
- Un bol
- 1 verre d'eau chaude
- 1 c. à s. de bicarbonate de soude

Préparation et utilisation
1 - Verser le bicarbonate de soude dans le bol. Ajouter l'eau chaude, mélanger pour obtenir une suspension qui ressemble à une crème.
2 - Prélever un peu de la crème avec une éponge et frotter tous les éléments du frigo.
3 - Rincer abondamment et essuyer avec un chiffon en microfibres.

Désodoriser avec du bicarbonate de soude

Pas envie que le gâteau au chocolat prenne le goût du reste de gratin de chou-fleur ? C'est bien naturel et très facile à éviter avec un peu de bicarbonate de soude qui absorbe les odeurs.

Ingrédients et matériel
- Une coupelle
- 2 c. à s. de bicarbonate de soude

Préparation et utilisation
1 - Verser le bicarbonate de soude dans la coupelle puis la placer dans le frigo.

Désodoriser avec du marc de café

Ne jetez plus le marc de café. Il peut absorber les odeurs d'un frigo resté un peu trop longtemps éteint et fermé.

Ingrédients et matériel
- Une coupelle
- Marc de café du matin

Préparation et utilisation
1 - Verser le marc de café dans la coupelle puis la placer dans le frigo.

Canalisations

Se débarrasser d'un bouchon de graisses

Vous avez versé des huiles ou des corps gras dans l'évier alors qu'ils étaient encore liquides. Il est possible qu'ils se soient figés dans la canalisation en refroidissant et soient responsables du bouchon. Avant de jeter n'importe quoi dans l'évier, le plus sûr est de commencer par l'eau bouillante.

Ingrédient
- 1 l d'eau bouillante

Utilisation
1 - Verser l'eau bouillante dans l'évier.
2 - Renouveler si nécessaire

Déboucher les canalisations avec une base

Si la méthode à l'eau bouillante simple n'a pas donné satisfaction, un coup de boost avec des cristaux de soude devrait régler le problème.

Ingrédients

- 1 verre de cristaux de soude
- 1 l d'eau bouillante

Utilisation

1 - Verser les cristaux de soude dans le trou de l'évier. Laisser agir une vingtaine de minutes.
2 - Verser l'eau bouillante. Attendre une trentaine de minutes avant de faire de nouveau couler de l'eau dans l'évier.

Avec des cristaux de soude et du vinaigre

Je vois, vous avez à faire à un bouchon coriace. Conjuguons les forces des cristaux de soude et du vinaigre.

Ingrédients

- 1 verre de cristaux de soude
- 1 verre de vinaigre blanc
- 1 l d'eau bouillante

Utilisation

1 - Verser les cristaux de soude dans le trou de l'évier. Ajouter le vinaigre. Un dégagement de CO_2 se produit. Ne pas respirer à pleins poumons. Laisser agir une vingtaine de minutes.
2 - Verser l'eau bouillante. Attendre une trentaine de minutes avant de faire de nouveau couler de l'eau dans l'évier.

Désodoriser avec du marc de café

Ingrédients

- 1 verre de marc de café
- 1 l d'eau bouillante

Utilisation

1 - Verser le marc de café dans le trou de l'évier. Laisser agir une vingtaine de minutes.
2 - Verser l'eau bouillante.

Speed cleaning

1 - Rassembler les ustensiles :
- des chiffons en microfibres, une éponge, une brosse ;
- liquide vaisselle (p. 68) ;
- pierre d'argile (p. 31) ;
- vaporisateur de vinaigre.

2 - Débarrasser et ranger les plans de travail, la cuisinière, l'évier. Tout ce qui n'appartient pas à la cuisine doit sortir de la cuisine pour pouvoir la nettoyer. Il n'est pas nécessaire de tout ranger à sa place maintenant, mais l'essentiel est de faire place nette dans la cuisine. Action !

3 - Vider le lave-vaisselle et y mettre la vaisselle sale qui traîne. Laver la vaisselle qui ne passe pas au lave-vaisselle. On y voit déjà plus clair, non ?

4 - Laver et essuyer toutes les surfaces de travail avec la pierre d'argile et une éponge. Faire de même pour les plaques de cuisson.

5 - Passer le balai ou l'aspirateur.

6 - Nettoyer l'évier avec la pierre d'argile. Brosser si nécessaire. Rincer et essuyer avec un chiffon pour éviter les traces de calcaire. Vaporiser du vinaigre sur la robinetterie. Essuyer.

7 - Changer les torchons. Si vous avez opté pour une cuisine sans papier essuie-tout, il est important de changer régulièrement les torchons.

Et voilà !

Nettoyage de printemps

Comment attaquer un nettoyage de printemps ? Est-il plus efficace de procéder pièce par pièce ou tâche par tâche ? Le salon de fond en comble ou toutes les plinthes de la maison ? J'ai peur qu'il n'y ait pas de solution magique. À la fin, tout doit y passer et on sait que ça prend du temps. Alors la meilleure approche, c'est celle qui vous motive. Je recommande quand même d'avoir un plan, une liste, pour être sûr de ne rien oublier, et surtout pour avancer de manière logique et cohérente. Pas de panique, tout n'a pas besoin d'être fini en une seule journée. Tout n'a pas non plus besoin d'être fait tous les ans. Et surtout, demandez de l'aide à toute la famille. Je parie que les ados de la maison seront beaucoup plus enclins à enlever leurs chaussures avant de marcher sur la moquette si c'est eux qui la nettoient.

L'approche pièce par pièce présente certains avantages, notamment celui de mesurer l'avancement du nettoyage. Quand une pièce est terminée, inutile d'y revenir.

1 - Imprimer/préparer une check-list

Dans toute la maison :

☐ dépoussiérer toutes les surfaces, le dessus des placards, des portes et des chambranles, les étagères ;
☐ laver les rideaux ;
☐ dépoussiérer les plinthes ;
☐ laver les prises et les interrupteurs ;
☐ laver les portes, les chambranles et les poignées de porte ;
☐ laver les filtres de ventilation ;
☐ laver les radiateurs ;
☐ enlever les taches sur les murs ;
☐ dépoussiérer et/ou laver les lustres et les abat-jour ;
☐ laver les vitres et les châssis de fenêtres ;
☐ passer l'aspirateur partout, y compris derrière les meubles ;
☐ laver les tapis et les moquettes ;
☐ laver tous les sols.

Dans le salon/salle à manger :

☐ nettoyer les fauteuils et canapés ;
☐ laver les coussins et les plaids ;
☐ nettoyer la cheminée/le poêle.

Dans les chambres :

☐ nettoyer les matelas et les retourner ;
☐ laver les oreillers et les couettes ;
☐ laver les jouets/les peluches.

Dans la cuisine :
- ☐ laver toutes les surfaces, l'évier, le robinet ;
- ☐ nettoyer le lave-vaisselle ;
- ☐ nettoyer le petit électroménager ;
- ☐ laver l'intérieur des tiroirs et des placards ;
- ☐ nettoyer le four ;
- ☐ nettoyer le frigo, optionnellement, dégivrer le congélateur et le nettoyer.

Dans la salle de bains :
- ☐ laver les murs, les vitres, les miroirs :
- ☐ faire la chasse aux moisissures et aux micro-algues ;
- ☐ nettoyer le lavabo, la douche, la baignoire, les toilettes ;
- ☐ nettoyer les brosses et les peignes.

Bonus :
- ☐ nettoyer la machine à laver et le sèche-linge ;
- ☐ nettoyer les paillassons ;
- ☐ laver les poubelles.

2 - Rassembler le matériel :
- aspirateur ;
- chiffons en microfibres ;
- serpillières ;
- brosses et brosses à dents :
- éponges.

3 - Les préparatifs

Avant d'attaquer, quelques préparatifs :
- décrocher tous les rideaux ;
- ranger les papiers, les objets, les jouets, les vêtements ;
- enlever les draps.

4 - Inspirer, rester calme, tout va bien se passer.

Évidemment, la liste ci-dessus n'est qu'une suggestion. Tout n'est pas pertinent pour tous les logements.

Dans toute la maison

☐ Dépoussiérer toutes les surfaces, le dessus des placards, les étagères

Avec un plumeau, une balayette ou un chiffon pour les grandes surfaces. La poussière vole et (re)tombe. Commencer par le haut (dessus des meubles) et descendre progressivement (étagères).

☐ Laver les rideaux

Voir partie Chambre, p. 159.

☐ Dépoussiérer et laver les plinthes

Dépoussiérage

Pour un simple dépoussiérage, le plus rapide c'est sans doute de passer l'aspirateur muni d'une mini-brosse s'il en possède une.
La méthode manuelle – et silencieuse – la plus efficace consiste à dépoussiérer avec un pinceau ou une balayette. Pour économiser son dos et/ou ses genoux, attacher le pinceau au bout d'un manche à balai à l'aide de deux élastiques.

Nettoyage

Une fois les plinthes dépoussiérées, un nettoyage plus poussé s'impose parfois. Commencer par enlever les taches avec une éponge et de l'eau savonneuse ou du vinaigre blanc.
Pour laver les plinthes dans leur ensemble, tremper une éponge dans de l'eau savonneuse, bien l'essorer puis la passer sur les plinthes. Pour accéder aux recoins, utiliser une brosse à dents ou un Coton-Tige. Essuyer avec un chiffon en microfibres.

☐ Laver les prises et les interrupteurs

Les prises et les interrupteurs sont doués d'un super-pouvoir : celui d'accumuler la poussière.
Comme pour les plinthes, commencer par dépoussiérer le dessus des prises et des interrupteurs avec un pinceau ou une balayette. Puis les nettoyer avec une brosse à dents trempée dans de l'eau savonneuse et égouttée. Attention aux coulures ! Pour accéder au creux de certaines prises, un Coton-Tige sera parfois nécessaire.
Les interrupteurs sont des nids à bactéries, un nettoyage avec une solution alcoolique est alors nécessaire. Mélanger du vinaigre blanc et de l'alcool à 70° à volume égal. Imbiber un chiffon en microfibres de cette solution et frotter les interrupteurs.

☐ Laver les portes, les chambranles et les poignées de porte

Les portes

Commencer par dépoussiérer les dessus-de-porte et les dessus de chambranle avec un plumeau, une balayette ou un chiffon. Pour les portes qui comportent des moulures ou des vitres, dépoussiérer ensuite les moulures et les châssis avec un pinceau.
Les traces de doigts sur les portes laquées partent avec une pomme de terre crue : couper la pomme de terre, la frotter sur les traces. Essuyer avec un chiffon.
Pour des portes très sales, laver avec une éponge trempée dans de l'eau savonneuse et bien essorée pour ne pas trop mouiller la porte. Rincer. Essuyer.

Les poignées de porte méritent un traitement spécifique.

Avec une pierre d'argile : humidifier une éponge et la frotter sur la pierre d'argile. Astiquer la poignée de porte. Rincer. Essuyer.

Avec de la cendre : faire une pâte avec de la cendre et un peu d'eau. Prélever un peu de cette pâte avec un chiffon ou une brosse à dents. Frotter la poignée. Rincer. Essuyer.

Avec du dentifrice : humidifier une brosse à dents. La couvrir de dentifrice. Frotter la poignée de porte. Rincer. Essuyer.

Pour désinfecter les poignées de portes, mélanger du vinaigre blanc et de l'alcool à 70° à volume égal. Imbiber un chiffon en microfibres de cette solution et frotter.

☐ Laver les filtres de ventilation

Un dépoussiérage au plumeau ou à la balayette est souvent suffisant.

Si les filtres sont très sales, il faut les démonter. Remplir l'évier d'eau très chaude. Verser une cuillerée à soupe de produit vaisselle. Ajouter un verre de percarbonate de soude pour reblanchir des filtres blancs. Y plonger les filtres. Laisser tremper une vingtaine de minutes. Frotter avec une éponge. Rincer. Laisser sécher complètement avant de les remettre en place.

☐ Laver les radiateurs

Quel que soit le type de radiateur (électrique, fonte, panneau plat, tubulaire), il est préférable d'éteindre le radiateur avant de le nettoyer.

Véritables pièges à poussières, les radiateurs doivent avant tout être dépoussiérés. Sans surprise, un plumeau ou un goupillon sont les meilleurs outils pour effectuer ce travail. On trouve également des brosses coudées pour dépoussiérer l'arrière du radiateur. Mais un aspirateur muni d'une petite brosse ou d'un embout fin et plat convient également.

Il est parfois difficile de dépoussiérer entre les tubes ou les panneaux. Si on ne peut ni aspirer ni épousseter, on peut souffler ! Vaporiser un peu d'eau sur un carton et le placer derrière le radiateur pour protéger le mur. Souffler par-devant avec un sèche-cheveux. Le carton humide collecte la poussière.
Les radiateurs sales peuvent être lessivés. Protéger le sol en dessous du radiateur avec des vieux torchons pour absorber les éventuelles coulures d'eau. Attention à ne pas utiliser d'éponge ni de produit abrasif qui risquerait de rayer le radiateur. De l'eau additionnée d'un peu de savon noir liquide ou de produit vaisselle, une éponge douce et le tour est joué.

☐ Enlever les taches sur les murs

Il y a mur et mur. Les revêtements des murs sont multiples. Ils peuvent être grossièrement groupés en deux catégories : ceux qui sont lessivables et ceux qui ne le sont pas. Dans tous les cas, il est conseillé de faire un essai sur une petite zone qui ne se verra pas.

Dépoussiérer

Souvent, un simple dépoussiérage suffit. Un chiffon attaché autour de la brosse du balai ou de l'aspirateur permet de protéger un mur fragile des rayures.

Détacher

Toujours commencer par les taches avant de s'attaquer à la totalité de la surface. Pour tous les types de taches, le mode opératoire est le même :
1 - Prévoir une éponge, des chiffons et deux récipients, un pour le produit nettoyant, un pour l'eau de rinçage.
2 - Préparer le produit nettoyant, remplir le deuxième récipient d'eau.
3 - Tremper l'éponge dans le produit nettoyant. Essorer. Frotter délicatement la tache en faisant des mouvements circulaires. Rincer. Essuyer avec un chiffon. Optionnellement, sécher avec un sèche-cheveux.

Tache de gras : préparer une pâte avec du bicarbonate de soude et un peu d'eau.
Tache de gras récalcitrante : mélanger un volume de cristaux de soude et deux volumes d'eau.
Tache de gras sur un papier peint : préparer une pâte avec de la terre de Sommières (ou du talc, du blanc de Meudon, de la farine) et un peu d'eau. Appliquer la pâte sur la tache. Laisser sécher. Brosser.
Traces de stylo : si la pâte de bicarbonate n'a pas eu raison de la trace, essayer l'alcool ménager.
Traces noires de frottement : appliquer un peu de dentifrice. Si la tache résiste, laisser agir une dizaine de minutes avant de rincer.

Lessiver

Maintenant que les taches sont parties, le lessivage de toute la surface du mur peut avoir lieu.
1 - Protéger les sols.
2 - Prévoir deux éponges, des chiffons et deux seaux, un pour le produit nettoyant, un pour l'eau de rinçage.
3 - Remplir les deux seaux d'eau. Ajouter un verre de savon noir liquide dans l'un des seaux. Mélanger.
4 - Tremper une éponge dans l'eau savonneuse. Essorer. Frotter en faisant des mouvements circulaires. Lessiver une bande verticale

d'environ cinquante centimètres de large.
5 - Plonger l'autre éponge dans l'eau. L'essorer pour ne pas détremper le mur. Rincer le mur. Essuyer avec un chiffon. Progresser ainsi bande par bande. Changer l'eau de rinçage dès qu'elle est sale.

☐ Dépoussiérer et/ou laver les lustres et les abat-jour

Toujours débrancher le luminaire avant de le nettoyer.
C'est l'escabeau qui tourne autour du lustre et pas l'inverse ! Oui, c'est fastidieux. Il faut descendre à chaque fois. Mais c'est la seule façon de ne pas exercer d'effort de torsion ou de traction sur la fixation. Elle risquerait de rompre.

Dépoussiérer

Avec un plumeau. Si certaines parties restent inaccessibles, souffler de l'air froid avec un sèche-cheveux.

Laver le verre, le plastique, le métal

Ces matériaux se lavent avec de l'eau savonneuse ou une solution de bicarbonate de soude. Bien rincer pour éviter de laisser des traces, puis essuyer.

Si l'abat-jour est gras, préparer une solution de cristaux de soude en mélangeant deux cuillerées à soupe de cristaux de soude dans un litre d'eau. Frotter avec une éponge, rincer, sécher avec un chiffon.
Pour faire briller, mélanger un volume d'alcool mélanger et trois volumes d'eau. Imprégner un chiffon en microfibres de cette solution et frotter. Puis lustrer avec un chiffon sec.

Lustres en cristal

Pour les lustres en cristal, commencer par le support. Souvent métallique, il peut se nettoyer de plusieurs manières.

Avec une pierre d'argile : humidifier un chiffon, le frotter sur la pierre d'argile, puis astiquer le socle du lustre. Rincer pour enlever les traces. Essuyer.

Avec de la cendre : préparer une pâte avec de la cendre et un peu d'eau. Prélever un peu de cette pâte avec un chiffon. Frotter le socle du lustre. Rincer. Essuyer.

Les pampilles

Il est essentiel de dépoussiérer les pampilles avant de les laver. Préparer une solution en mélangeant un volume d'alcool ménager avec trois volumes d'eau. Enfiler une chaussette sur chaque main, le pouce dans le talon et les autres doigts au bout de la chaussette de manière à pouvoir pincer un objet entre le pouce et les doigts. Tremper le bout des doigts et le pouce dans la solution alcoolique. Saisir une pampille entre les doigts et la caresser. Continuer ainsi avec toutes les pampilles. Changer de chaussette quand elle est sale.

☐ **Laver les vitres et les châssis de fenêtres**

On ne parle pas ici de l'entretien des vitres régulier, mais d'un grand nettoyage intérieur et extérieur.

Les châssis

Commencer par les châssis. Ce serait dommage de salir les vitres toutes propres en lavant les châssis de fenêtre ensuite.
Rien de sorcier, un seau, de l'eau, du savon noir liquide, une éponge. Plonger l'éponge dans l'eau savonneuse, essorer, frotter le châssis intérieur. Rincer. Essuyer. Faire de même pour le châssis extérieur.

Les vitres

Passer ensuite aux vitres. L'outil idéal pour laver les vitres c'est un support et un mouilleur. À défaut, une serpillière en microfibres enroulée autour d'une raclette conviendra. Remplir un seau d'eau chaude, ajouter deux ou trois cuillérées à soupe de produit vaisselle ou de savon noir liquide. Mélanger. Tremper le mouilleur (la serpillière) dans l'eau savonneuse. Essorer. Frotter toute la surface de la vitre. Pour éviter les traces, essuyer le bord supérieur et le bord gauche de la vitre avec un chiffon sec en microfibres. Une zone d'accroche sèche pour la raclette est ainsi formée. Saisir la raclette, la poser verticalement sur le coin en haut à gauche, puis racler en traçant des bandes horizontales. Essuyer la raclette avec un chiffon après chaque passage. Recommencer en veillant à toujours laisser dépasser l'extrémité de la raclette sur la zone sèche.

☐ **Passer l'aspirateur partout, y compris derrière les meubles**

Voilà, tout ce qui est en hauteur est propre et rangé, c'est le moment de passer aux sols. L'aspirateur va pouvoir montrer ce qu'il sait faire. L'idée, c'est de le passer partout. Vraiment partout. Ça signifie déplacer les meubles, aller dénicher la poussière sous les meubles, derrière les lampes, les pots de fleurs, sous les tapis, les paillassons. C'est une évidence, l'aspirateur sera beaucoup plus efficace s'il est muni de la brosse adéquate pour la nature des sols.

☐ **Laver les tapis et les moquettes**

Faire disparaître les taches

Commencer par enlever les taches. Les plus grandes précautions doivent être prises. Il faut toujours utiliser d'abord les produits les plus doux et faire un essai sur une partie peu visible pour vérifier que les couleurs du tapis résistent. Pour les moquettes et les tapis, il est préférable d'utiliser moins de produit nettoyant plutôt que trop. Ce sont des surfaces difficiles à rincer. Les détergents risquent de rester incrustés dans le tapis. Il convient également d'éviter d'inonder le tapis avec trop d'eau. Si une tache nécessite un trempage en profondeur, utiliser un sèche-cheveux soufflant de l'air froid à tiède pour accélérer le séchage.

Première tentative : avec du bicarbonate de soude. Faire une pâte de bicarbonate avec un peu d'eau. Appliquer sur la tache. Masser avec un chiffon blanc. Laisser agir une vingtaine de minutes. Aspirer.
Si la tache persiste, vaporiser abondamment du vinaigre blanc sur la tache. Masser ou brosser. Laisser agir une vingtaine de minutes. Saupoudrer de bicarbonate de soude. Le bicarbonate réagit avec le vinaigre et libère un petit dégagement gazeux de CO_2. L'effervescence qui en résulte désincruste les taches. Laisser sécher puis aspirer.
Pour les taches tenaces et/ou les taches de gras, penser cristaux de soude. Préparer une solution avec un volume de cristaux de soude pour trois volumes d'eau. Y tremper un chiffon. Essorer. Appliquer sur la tache. Tamponner. Laisser agir une vingtaine de minutes. Rincer avec du vinaigre. Laisser sécher.
Si toutes les tentatives ci-dessus ont échoué, mélanger un volume d'alcool ménager dans trois volumes d'eau. Y tremper un chiffon. Essorer. Appliquer sur la tache. Tamponner. Laisser agir une vingtaine de minutes. Rincer avec du vinaigre blanc. Laisser sécher.

Nettoyer le tapis ou la moquette dans son ensemble

La méthode la plus simple et la moins fatigante : avec de la terre de Sommières. Glisser un drap sous le tapis. Saupoudrer le tapis de terre de Sommières. Enfiler des chaussettes propres et piétiner le tapis sur toute la surface pour faire pénétrer la terre dans les fibres et faire tomber sur le drap les saletés incrustées. Laisser agir une nuit. Le lendemain, aspirer la terre de Sommières puis retirer le drap.
Pour détacher et raviver les couleurs d'un tapis terni ou d'une moquette, rien ne vaut le vinaigre blanc. Préparer deux seaux. Remplir un premier seau avec un litre de vinaigre, un demi-litre d'eau chaude et un petit verre de produit vaisselle. Remplir le deuxième seau d'eau. Plonger un gant de toilette dans le seau d'eau vinaigrée, l'essorer puis frotter le tapis délicatement dans tous les sens sur un carré d'environ trente à quarante centimètres de côté. Plonger un autre gant de toilette dans le seau d'eau chaude et rincer la zone juste nettoyée. Continuer ainsi de carré en carré. Laisser sécher.

Pour un tapis ou une moquette très peu sale, vaporiser du vinaigre sur toute la surface. Enrouler un chiffon en microfibres autour d'un balai-brosse. Frotter le tapis. Les salissures sont collectées sur le chiffon. Laisser sécher. Le nettoyeur vapeur permet d'une part de désincruster les saletés et, d'autre part, d'enlever les taches sur les moquettes et les tapis. C'est un appareil un peu encombrant et coûteux mais facile à louer. Bien suivre les instructions du fabricant ou du loueur. Commencer par les taches puis nettoyer l'ensemble de la surface. Faire des gestes doux et réguliers. Les mêmes recommandations s'appliquent pour les shampouineuses de tapis.

☐ **Laver tous les sols**

Voir partie Salon, p. 191.

Dans le salon/salle à manger

☐ **Nettoyer les fauteuils et canapés**

Avec du bicarbonate

1 - Enlever les coussins. Passer méticuleusement l'aspirateur avec l'embout tissu. Commencer par le haut et descendre progressivement. Insister autour des coutures et des boutons. Aspirer ensuite les coussins.

2 - Saupoudrer le meuble de bicarbonate. Brosser délicatement pour faire pénétrer le bicarbonate dans les coutures et les recoins.

3 - Laisser agir une nuit. Aspirer.

Avec de la mousse de savon

1 - Verser une cuillerée à soupe de copeaux de savon de Marseille et ¼ litre d'eau bouillante dans un pichet haut. Immerger un robot plongeur et faire mousser.

2 - Prélever la mousse (et la mousse seulement, pas le liquide, il s'agit d'éviter de détremper le tissu) avec un chiffon en microfibres et frotter délicatement le tissu.

3 - Rincer avec un autre chiffon humide. Laisser sécher. Pour accélérer le séchage, souffler de l'air tiède avec un sèche-cheveux.

Raviver les couleurs

1 - Vaporiser du vinaigre blanc sur toutes les parties en tissu.

2 - Frotter délicatement avec un chiffon en microfibres ou une brosse souple.

3 - Laisser sécher.

☐ **Laver les coussins et les plaids**

Consulter les instructions d'entretien sur les étiquettes des plaids. S'ils sont lavables en machine, utiliser un programme adapté avec le shampooing pour la laine (p. 134). Pour ceux qui ne sont pas lavables en machine, les faire tremper dans de l'eau froide additionnée de

vinaigre blanc. Rincer. Rouler dans une serviette éponge pour essorer sans froisser.
Certains coussins sont déhoussables. Se conformer aux instructions d'entretien sur l'étiquette de la housse. Procéder pour les housses de coussins comme pour les plaids.
Pour les coussins non déhoussables, procéder comme pour les fauteuils et les canapés.

☐ **Nettoyer la cheminée**

La cheminée

La suie provient de la combustion incomplète du bois. Noire et grasse, elle s'accroche à tout ce qu'elle trouve sur son passage. Les pierres et briques autour de la cheminée sont poreuses et se tachent facilement. Pour ne pas abîmer la pierre, il convient d'utiliser des produits doux. Comme il n'y a pas de miracle, il faudra frotter et être patient. Le nettoyage de la cheminée occasionne pas mal de coulures d'eau. Il est conseillé de protéger les sols avant de se lancer. C'est une tâche au cours de laquelle on reste longtemps à genou. Plier une vieille serviette qui fera office de coussin.

Avec de l'eau savonneuse
Mélanger deux ou trois cuillerées à soupe de produit vaisselle ou de savon noir liquide dans un litre d'eau chaude. Armé d'une brosse, brosser la pierre avec l'eau savonneuse. Rincer. Essuyer avec des torchons.

Avec des cristaux de soude
La suie est grasse. Si l'eau savonneuse n'a pas donné satisfaction, il reste les cristaux de soude. Mélanger un volume de cristaux de soude dans trois volumes d'eau. Brosser la pierre avec cette solution. Laisser agir une heure ou deux. Rincer. Essuyer avec des torchons.

Dans les chambres

☐ **Nettoyer les matelas et les retourner**

Le matin, saupoudrer le matelas de bicarbonate additionné de quelques gouttes d'huile essentielle de lavande. Laisser agir une heure ou deux. Aspirer minutieusement.
Retourner le matelas et procéder de même sur l'autre face.

☐ **Laver les oreillers et les couettes**
Voir partie Chambre, p. 159.

☐ **Laver l'intérieur des armoires et des placards**

Laver l'intérieur des armoires, c'est aussi l'occasion de faire un grand tri.
1 - Prévoir deux grands sacs et diviser le lit en deux zones pour

pouvoir faire quatre piles. Le premier sac reçoit les vêtements à jeter, le deuxième sac ceux à donner, la première zone sur le lit accueille les vêtements à ranger ailleurs et la deuxième, les vêtements à garder dans cette armoire.
2 - Vider intégralement l'armoire et distribuer les vêtements au fur et à mesure dans l'une des quatre piles.
3 - Nettoyer l'intérieur de l'armoire avec un vaporisateur de vinaigre blanc additionné de quelques gouttes d'huile essentielle d'arbre à thé. Essuyer avec un chiffon. Insister sur les fentes et les interstices pour enlever la poussière. On ne veut laisser aucune chance aux mites et aux acariens. Passer l'aspirateur au sol sans oublier les recoins.
4 - Remettre les tenues dans l'armoire. Grouper les habits de même type. Ajouter des boîtes pour ranger les petites pièces ou les vêtements qui forment difficilement des piles.

Dans la cuisine

☐ Laver le dessus des placards et de la hotte

Le dessus des placards accumule la poussière et le gras. Préparer une solution de cristaux de soude en diluant un volume de cristaux de soude dans trois volumes d'eau chaude. Frotter avec une éponge. Rincer avec du vinaigre blanc.

☐ Laver toutes les surfaces verticales : portes de placard, d'électroménager

Préparer une suspension avec un volume de bicarbonate de soude et un volume d'eau. Appliquer sur toutes les surfaces avec une éponge ou un chiffon en microfibres. Rincer. Sécher.
Alternativement, vaporiser du vinaigre blanc, frotter avec un chiffon en microfibres.
Pour les portes de placard peu sales, mélanger une cuillerée à soupe de savon noir liquide dans un litre d'eau chaude. Frotter avec une éponge. Essuyer.
La crédence peut être grasse. Préparer une pâte en mélangeant un volume de cristaux de soude et un volume d'eau très chaude. Prélever un peu de pâte avec une brosse souple. Frotter. Rincer avec du vinaigre. Essuyer.

☐ Laver les surfaces horizontales, l'évier, le robinet

Débarrasser tous les plans de travail. Enlever le petit électroménager. Ranger la vaisselle. Écarter tout ce qui encombre. Oui, même la cafetière.
Mélanger un volume d'acide citrique dans cinq volumes d'eau. Frotter toutes les surfaces avec une éponge. Frotter les recoins et les zones entartrées avec une brosse à dents. Laisser agir une vingtaine de minutes. Rincer. Essuyer.

☐ Laver l'intérieur des tiroirs et des placards

Rien de bien compliqué, mais de la méthode. Procéder par ordre. Vider un tiroir entièrement. Le nettoyer avec une éponge trempée dans de l'eau savonneuse. Essuyer. Ranger de nouveau le contenu à l'intérieur. Passer au tiroir suivant. Faire de même avec les placards. En profiter pour faire le tri dans l'épicerie. (Re)découvrez ce paquet de farine pois chiches acheté au marché à Nice lors d'un week-end en amoureux et préparez une socca.

☐ Nettoyer le lave-vaisselle

Voir partie Cuisine, p. 65.

☐ Nettoyer le petit électroménager

Le petit électroménager nous facilite la vie au quotidien. Il y a des familles où le robot plongeur sert tous les jours, voire plusieurs fois par jour, tant et si bien qu'il n'est jamais nettoyé à fond ni rangé. Il faut le reconnaître, souvent ces appareils sont difficiles à laver. Il y a des interstices, des creux, des parties quasiment inaccessibles. Le nettoyage de printemps est l'occasion de leur redonner une jeunesse. Avant toute chose, débrancher l'appareil . Préparer une pâte avec du bicarbonate de soude et un peu d'eau. Prélever un peu de pâte avec une éponge ou une brosse douce et frotter. Les zones les plus étroites peuvent se nettoyer avec une brosse à dents ou un Coton-Tige. Rincer. Essuyer. L'inox retrouvera son brillant après un lustrage avec de l'alcool ménager.

☐ Nettoyer le four

Retirer les plaques et les grilles. Préchauffer le four à 50 °C. Vaporiser du vinaigre blanc sur les parois du four, en particulier sur les résidus cramés. Ne pas oublier la vitre. Fermer le four puis l'éteindre. Laisser agir 30 minutes. Prélever un peu de cristaux de soude avec un chiffon mouillé et frotter. Rincer abondamment. Essuyer.

☐ Nettoyer le frigo, dégivrer le congélateur et le nettoyer

Il s'agit là d'un grand nettoyage de fond du frigo.
1 - Débrancher le frigo. Le vider entièrement. Retirer les clayettes, les bacs et tout ce qui se démonte. C'est aussi l'occasion de le dégivrer, si nécessaire. Ne jamais utiliser de couteau pour décoller la glace. Remplir un seau d'eau très chaude, le placer dans le frigo, fermer la porte. La glace va fondre très vite. Placer une serpillière au sol devant le frigo avant d'ouvrir la porte. Éponger l'intérieur.
2 - Si possible, déplacer le frigo pour laver derrière et dessous.
3 - Faire une pâte avec du bicarbonate de soude et un peu d'eau. En prélever un peu avec une éponge et frotter partout. Laisser agir une heure. Pendant ce temps, brosser le joint avec une brosse à dents couverte de pâte de bicarbonate.
4 - Rincer une première fois avec de l'eau, puis une deuxième fois

avec du vinaigre blanc. Essuyer avec un chiffon en microfibres.
5 - Laver toutes les parties amovibles avec de l'eau savonneuse. Rincer. Essuyer. Replacer dans le frigo les clayettes et les bacs. Rebrancher le frigo. Ranger les aliments.

Dans la salle de bains

Dans la salle de bains, on va avant tout faire la chasse au calcaire et aux moisissures. C'est aussi l'occasion de faire le tri dans les cosmétiques et les produits d'hygiène, car ils ont une durée de vie limitée après ouverture.

☐ Faire la chasse aux moisissures et au calcaire

Commencer par débarrasser tous les comptoirs et étagères à nettoyer. Écarter tout ce qui encombre : cosmétiques, brosses, accessoires pour cheveux, brosses à dents, rasoir, parfum…
Commencer par les moisissures. Mélanger un verre de borax avec un verre de vinaigre blanc. Prélever un peu de cette pâte avec une brosse ou une brosse à dents pour les joints et les parties moins accessibles. Frotter. Laisser agir au moins une heure. Rincer abondamment. Essuyer avec un chiffon. S'attaquer ensuite au tartre. Mélanger un verre d'acide citrique dans un litre d'eau. Appliquer cette solution avec une éponge sur toutes les surfaces entartrées. Laisser agir une vingtaine de minutes. Rincer. Essuyer.

☐ Laver l'intérieur des tiroirs et des armoires

Comme pour la cuisine, procéder par ordre. Vider un tiroir entièrement. Verser une cuillerée à soupe de nettoyant multi-usage (p. 35) dans un litre d'eau. Y tremper un chiffon en microfibres. Laver l'intérieur du tiroir. Essuyer avec un chiffon sec. Ranger de nouveau le contenu à l'intérieur. Passer au tiroir suivant. Faire de même avec les armoires. En profiter pour faire le tri dans les cosmétiques. (Re)découvrez ces sels de bain délicieusement parfumés et rappelez-vous de prendre le temps de vous faire couler un bain avant la fin du week-end.

☐ Nettoyer les brosses et les peignes

Verser un verre de bicarbonate dans une bassine. Compléter avec de l'eau. Y faire tremper brosses, peignes, pinceaux de maquillage, accessoires pour cheveux toute une nuit. Rincer avec du vinaigre blanc additionné de quelques gouttes d'huile essentielle de citron.

BONUS

☐ Nettoyer la machine à laver et le sèche-linge

Voir partie buanderie, p. 123.

☐ Nettoyer les paillassons

Secouer énergiquement les paillassons pour éliminer le maximum de saletés et poussières. Passer l'aspirateur avec un embout fin et rigide. Vaporiser généreusement de vinaigre blanc. Saupoudrer avec du bicarbonate. Laisser agir une vingtaine de minutes. Aspirer.

☐ Laver les poubelles

Vider les poubelles. Dans un seau, mélanger une cuillerée à soupe de savon noir liquide dans un litre d'eau très chaude. Ajouter quelques gouttes d'huile essentielle d'arbre à thé. Lessiver la poubelle. Ne pas oublier le couvercle. Rincer avec du vinaigre. Laisser sécher.
Saupoudrer de bicarbonate de soude pour éviter la prolifération des bactéries.

☐ Nettoyer l'aspirateur

L'aspirateur est vraiment un outil fantastique qui emprisonne la saleté et les poussières. Il se promène dans toute la maison. Et avec lui aussi, tous les microbes, acariens et autres cheveux coincés dans la brosse. Pas la peine de paniquer, nettoyer son aspirateur est un peu fastidieux mais assez rapide. Faut-il le rappeler, il convient de débrancher l'aspirateur avant de le nettoyer.

1 - Commencer par vider le sac ou le récipient collecteur de poussière. Pour les perfectionnistes, un coup de chiffon avec un peu de vinaigre blanc dans le collecteur de poussière des aspirateurs sans sac assurera la disparition des bactéries et des odeurs.
2 - Démonter ensuite les filtres et les passer sous l'eau. Il est très important de ne les remettre en place qu'une fois complètement secs.
3 - C'est le tour de la brosse. Avec des ciseaux, couper les cheveux et les fils emmêlés. Les retirer. Enlever la poussière et les moutons coincés.
4 - Vaporiser du vinaigre sur un chiffon en microfibres et frotter la brosse.
5 - Remonter le filtre et le collecteur de poussière.

Buanderie

Une panne de machine à laver le linge : le cauchemar ! Elle rend d'infinis services tous les jours. Les machines récentes proposent des programmes de lavage adaptés à tout type de linge, même le plus délicat. Pourtant, le résultat de propreté n'est pas toujours au rendez-vous. Les mauvaises odeurs persistent. Les taches résistent. Le blanc jaunit. Plus embêtant, le linge sort parfois rêche, voire irritant.

La plupart des lessives du commerce, assouplissants et autres lingettes sont chers, peu respectueux de notre santé et de l'environnement. Il existe heureusement des solutions saines, écolo et bon marché. Et en plus, ça marche ! Fabriquer sa propre lessive, c'est un peu comme cuisiner. Les ingrédients agissent en synergie pour un résultat bien au-delà de la somme des effets.

Lessive

Lessive, décryptage

La lessive, ça sert à nettoyer le linge, c'est-à-dire à enlever la saleté, les taches, les mauvaises odeurs.

Quand on se penche sur la liste des ingrédients d'une lessive du commerce, même bio, on a vite le tournis. Entre douze à vingt ingrédients, aux noms plus mystérieux les uns que les autres, jouent des coudes pour entrer dans la composition des lessives du commerce. Quels sont-ils et à quoi servent-ils ?

- Les détergents ou tensioactifs. Toutes les lessives en contiennent. Celui que l'on connaît tous, c'est le savon. Au sens chimique, il s'agit d'un sel entre un acide gras et un ion sodium ou potassium. La polarité de la liaison entre la fonction carboxylate anionique ($-COO^-$) de l'acide gras et le cation sodium Na^+ rend le savon soluble dans l'eau. Ne cherchez pas l'ingrédient « savon » dans la liste des composants des lessives du commerce, il est caché sous d'autres noms comme potassium cocoate. Souvent, les industriels préfèrent les sulfonates aux carboxylates car ils sont plus solubles dans l'eau dure.

- Les agents de charge, typiquement des composés alcalins tels que le carbonate de sodium, qui ont un pH basique dans l'eau. Leur rôle est multiple :

  • Comme les détergents sont plus efficaces en milieu basique, l'ajout de composés alcalins dans les lessives augmente le pouvoir lavant des détergents.
  • Les lessives du commerce doivent laver dans toutes les conditions, indépendamment de la dureté de l'eau. Une eau dure comprend, entre autres, une concentration élevée d'ions calcium. La liaison entre la fonction carboxylate des acides gras et les ions sodium est faible. Une fois dissout dans une eau dure, un échange se produit entre les ions sodium et les ions calcium. Il se forme une paire acide gras – ion calcium, insoluble, qui précipite en savon calcaire. Non seulement il y a moins de savon pour nettoyer, mais en plus, le savon calcaire peut se déposer sur les vêtements et laisser un voile gris. Donc plus l'eau est dure, moins les détergents sont efficaces. Les agents de charge, tels que les composés alcalins, sont ajoutés pour adoucir l'eau.

• Cerise sur le gâteau, ces composés basiques aident à dégrader les graisses et renforcent ainsi le pouvoir dégraissant et détachant de la lessive.

- Agents complexants ou chélatants. Ils sont là pour piéger les cations, dont le calcium, avant qu'ils ne réagissent avec les détergents. Dans le meilleur des cas, il s'agit de zéolithes, de composition proche des argiles, dans le pire des cas, d'EDTA ou acide éthylène diamine tétra-acétique, polluant pour l'environnement.

- Agents de blanchiment. Ils réagissent avec les composés organiques, les oxydent, pour ensuite les dissoudre dans l'eau. Ce sont principalement des percabonates ou des agents de blanchiment chlorés, tels que l'hypochlorite de sodium (eau de Javel).

- Agents azurants, pour un blanc plus blanc que blanc. Ces composés ne lavent pas le linge. Au contraire, ils le couvrent d'un film optique invisible qui, sous l'effet des rayonnements du soleil, émet des radiations qui font paraître le linge plus blanc.

- Enzymes. Ce sont des protéines qui ont un effet catalytique, c'est-à-dire qu'elles permettent ou accélèrent des réactions chimiques. Que viennent-elles faire dans les lessives ? Elles participent à éliminer les taches en dégradant les molécules chimiques qui les composent. Les protéases détruisent les protéines, les lipases, les graisses, les amylases, les glucides. L'idée est géniale, vous en conviendrez. Il y a deux petits bémols. D'une part, les enzymes ne résistent pas aux températures élevées, leur efficacité ne s'exprimera que pour les lessives à basse température. D'autre part, on peut se demander ce qu'il advient des enzymes après le lavage du linge. Si ces enzymes restent dans les fibres des vêtements, ne vont-elles pas irriter la peau ?

- Parfums. C'est simple, c'est pour que le linge sente bon. De nombreux parfums sont des perturbateurs endocriniens.

- Les autres ingrédients. La liste est encore longue : des polymères, souvent des agents antiredéposition, des composés tampons pour maintenir le pH à la bonne valeur, des additifs pour contrôler l'effet moussant, des antirouilles, des conservateurs, des épaississants.

Lessive liquide au savon de Marseille

Pour fabriquer cette lessive liquide à tout faire, on joue au petit chimiste, en toute sécurité. Plusieurs changements de texture s'opèrent. Dans un premier temps, le savon se dissout et on obtient une solution transparente. L'ajout du bicarbonate de soude et du borax provoque l'épaississement de la solution, puis sa gélification. Différents savons donneront différentes consistances. Certaines lessives vont décanter en deux phases. Il faudra donc bien agiter avant l'emploi. Le borax est assez cher. Cinquante grammes suffisent, cent grammes c'est mieux.

Matériel et ingrédients pour 3 litres de lessive (une trentaine de lessives)

• Une râpe • Une casserole d'au moins 4 l
• Un verre mesureur • Un entonnoir
• Un bidon de 5 l et son bouchon
• 200 g de savon de Marseille ou de copeaux • 2+1 l d'eau
• 100 g de bicarbonate de soude
• 50 à 100 g de borax • 1 c. à c. d'huile essentielle au choix : lavande, pamplemousse, ylang-ylang, rose

Préparation et utilisation

1. Râper le savon avec une râpe. Le verser dans la casserole avec 2 litres d'eau. Chauffer sans porter à ébullition pour dissoudre le savon en mélangeant avec une cuillère. Quand le savon est complètement dissous en une solution translucide, retirer du feu. Laisser refroidir une dizaine de minutes.
2. Verser 1 litre d'eau dans le verre mesureur. Ajouter le bicarbonate et le borax. Mélanger et verser dans la casserole. La solution de savon s'épaissit et devient opaque. Ajouter l'huile essentielle de votre choix.
3. Placer l'entonnoir dans le goulot du bidon. Y verser le contenu de la casserole. Laisser refroidir complètement.
4. Laisser reposer au moins une nuit. La lessive va se figer pour former un gel et/ou se séparer en deux phases. Secouer vivement. Le gel se transforme en un liquide épais. La lessive est prête.
5. Verser la lessive dans une boule de lavage pour doser – compter environ 100 ml par charge – et la placer directement au cœur du linge dans le tambour. Agiter avant chaque emploi.

MARSEILLE
OLIVE
GARANTI
EXTRA PUR

Questions et réponses

C'est sans doute la première fois que vous fabriquez votre lessive et vous pouvez avoir des surprises. Voici quelques réponses aux questions que vous pourriez vous poser.

1 - Ma lessive n'a pas la consistance des lessives du commerce. Elle est visqueuse !
Félicitations ! C'est comme ça que ça doit être. Si toutefois elle vous semble trop épaisse, vous pouvez toujours ajouter un peu d'eau.

2 - Je n'ai pas obtenu de gel, pourquoi ?
La fabrication maison de la lessive n'est pas une science exacte. Elle dépend de plusieurs paramètres, en particulier du savon de Marseille et de la dureté de l'eau. Dans la mesure où vous avez suivi les instructions et que tous les ingrédients sont présents, votre lessive devrait parfaitement remplir son rôle.

3 - La lessive s'est séparée en deux couches, puis-je encore l'utiliser ?
Le savon en solution n'est pas vraiment «dissous». Il forme des micelles, comme des petites gouttes de savon dans l'eau à la façon d'une micro-émulsion. Ces micelles sont relativement stables, mais vite perturbées par des changements de paramètre : pH, introduction de cations...
Pas de panique si deux phases se forment, ça peut arriver. Agiter pour homogénéiser ou mixer avec un robot plongeur.

4 - J'ai obtenu une masse solide, que faire ?
Ajoutez un peu d'eau chaude et mélangez avec un fouet.

5 - Ma lessive s'est séparée en flocons, comme du lait caillé, que faire ?
Les micelles du savon sont perturbées par la présence des sels (borax et bicarbonate de soude). C'est normal. Mixez avec un robot plongeur ou secouez vivement une fois transférée dans le bidon.

6 - Ma lessive est trop liquide.
Râpez 20 à 30 g de savon de Marseille supplémentaire. Faites-le dissoudre dans ¼ de litre d'eau comme dans l'étape 1. Ajoutez à votre lessive et mélangez.

7 - Quel savon de Marseille utiliser ?
L'idéal, c'est le savon de Marseille maison à l'huile d'olive. Non seulement vous avez la garantie des ingrédients, mais en plus il sera plus tendre et donc plus facile à râper. Si vous utilisez un savon du commerce, veillez à ce qu'il ne contienne pas de colorants ni de parfums. Il faut un savon de Marseille de ménage et pas de cosmétique.

8 - Pourquoi faut-il râper le savon ?
Le savon râpé se dissout plus vite. Plus il sera finement râpé, plus il se dissoudra vite.

9 - Combien de temps la lessive se conserve-t-elle ?
Les deux litres de lessive obtenus permettent de faire une vingtaine de lavages, qui correspondent probablement à un mois pour un foyer de 3-4 personnes. La lessive peut se conserver bien plus longtemps, de 3 à 6 mois, mais je l'ai toujours épuisée avant ce délai.

10 - Et le borax, ce n'est pas dangereux ? À quoi ça sert ?
Il est toujours préférable de prendre des précautions avec tous les produits d'entretien, y compris ceux qui semblent les plus inoffensifs, comme le vinaigre ou le bicarbonate de soude. Je recommande de systématiquement porter des gants et d'éviter de respirer à pleins poumons vos préparations. Le borax joue à la fois le rôle d'adoucisseur d'eau et de nettoyant. Il est moins puissant que les cristaux de soude pour adoucir l'eau mais garde son efficacité une fois dissous dans l'eau. Le borax permet la formation de peroxyde d'hydrogène au fort pouvoir lavant. Son effet détachant s'observe à température élevée (60 °C) ou en milieu basique, d'où l'intérêt de l'ajout du bicarbonate de soude.

Lessive

Lessive en poudre

Pour ceux qui préfèrent une fabrication instantanée et sans effort, la version en poudre s'impose. Cette lessive est par essence plus concentrée. Le savon de Marseille ne se dissoudra bien dans votre machine que s'il est finement râpé. Si vous râpez à la main, préférez un savon sec et dur. Si vous optez pour le robot, commencez par couper le savon en petits cubes, puis placez-les dans le robot avec le bicarbonate de soude. Vous obtiendrez une poudre fine.

Matériel et ingrédients pour un bidon de 2 litres (une cinquantaine de lessives)
- Un entonnoir
- Un bidon de 2 l
- 4 verres de savon râpé finement
- 2 verres de cristaux de soude
- 2 verres de bicarbonate de soude
- 1 c. à c. d'huile essentielle au choix : lavande, pamplemousse, ylang-ylang, rose

Préparation et utilisation
1 - Placer l'entonnoir dans le goulot du bidon. Y verser tous les ingrédients. Agiter pour mélanger.
2 - Verser directement dans le tambour 1 à 3 cuillerées à soupe par charge en fonction de la saleté du linge.

Lessive pour le blanc

C'est typiquement la lessive qu'il vous faut pour les torchons et le linge que vous lavez à haute température.

Matériel et ingrédients pour un bidon de 2 litres (une cinquantaine de lessives)
- Un entonnoir
- Un bidon de 2 l
- 4 verres de savon râpé finement
- 2 verres de cristaux de soude
- 2 verres de percarbonate de soude

Préparation
1 - Placer l'entonnoir dans le goulot du bidon. Y verser tous les ingrédients. Agiter pour mélanger.
2 - Verser directement dans le tambour 1 à 3 cuillerées à soupe par charge en fonction de la saleté du linge.

Lessive sans borax

Si vous n'arrivez pas à trouver du borax, il peut être remplacé par du citrate de sodium. Le citrate de sodium est un agent séquestrant qui va à la fois piéger les ions calcium et contrôler le pH de la lessive. On le fabrique en mélangeant de l'acide citrique et du bicarbonate de soude. L'acide citrique est un triacide, ce qui signifie qu'il faut un excès de bicarbonate pour former le citrate de sodium. Le bicarbonate intervient aussi comme dégraissant, détachant, et pour renforcer l'efficacité du savon. L'excès de bicarbonate de soude va donc au-delà de la neutralisation de l'acidité de l'acide citrique.

Matériel et ingrédients pour 2 litres de lessive (une vingtaine de lessives)

- Une râpe
- Une casserole d'au moins 3 l
- Un verre mesureur
- Un entonnoir
- Un bidon de 3 l et son bouchon
- 100 g de savon de Marseille ou de copeaux
- 1 + 1 l d'eau
- 200 g de bicarbonate de soude
- 100 g d'acide citrique
- 1 c. à c. d'huile essentielle au choix : lavande, pamplemousse, ylang-ylang, rose

Préparation et utilisation

1 - Râper le savon avec une râpe. Le verser dans la casserole avec un litre d'eau. Chauffer sans porter à ébullition pour dissoudre le savon en mélangeant avec une cuillère. Quand le savon est complètement dissout en une solution translucide, retirer du feu. Laisser refroidir une dizaine de minutes.

2 - Pendant ce temps, verser un litre d'eau dans le verre mesureur. Ajouter le bicarbonate de soude puis l'acide citrique cuillérée après cuillérée. Une vigoureuse effervescence se produit. Mélanger avec une cuillère jusqu'à l'arrêt de l'effervescence. Verser dans la casserole. La solution de savon s'épaissit et devient opaque. Ajouter les huiles essentielles.

3 - Placer l'entonnoir dans le goulot du bidon. Y verser le contenu de la casserole. Laisser refroidir complètement.

4 - Laisser reposer au moins une nuit. La lessive va se figer pour former un gel et/ou se séparer en deux phases. Agiter vigoureusement pour obtenir un liquide. La lessive est prête.

5 - Verser la lessive dans une boule de lavage pour doser - compter environ 100 ml par charge - et la placer directement au cœur du linge dans le tambour. Agiter vivement avant chaque emploi.

SERAX
Boro 3.3
1000ml

Shampooing pour la laine

La laine n'est ni une fibre végétale ni une fibre synthétique, mais du poil de mouton. Délicate, elle se lave à froid avec une lessive adaptée et un programme adéquat. En clair, on évite les ingrédients trop agressifs comme les cristaux de soude et le borax. L'acide citrique empêche les dépôts sur le linge, il n'est pas nécessaire d'utiliser d'assouplissant. Un petit secret entre nous : en cas de pénurie de shampooing pour laine, il n'y a aucun risque à utiliser le shampooing pour cheveux, surtout celui pour bébé, comme lessive pour vos pulls en laine préférés.

Matériel et ingrédients pour un bidon d'1 litre (une vingtaine de lessives) :
- Une râpe
- Une casserole d'au moins 1 l
- Un fouet
- Un entonnoir
- Un bidon de 2 l et son bouchon
- Un verre
- 50 g de savon
- ½ l d'eau + 100 ml
- 5 gouttes d'huile essentielle de thym
- 20 gouttes d'huile essentielle de lavande
- 1 c. à s. de bicarbonate de soude
- 1 c. à s. d'acide citrique

Préparation et utilisation :
1 - Râper le savon avec une râpe. Le verser dans la casserole avec l'eau. Chauffer sans porter à ébullition pour dissoudre le savon en mélangeant avec un fouet.
2 - Quand le savon est complètement dissout en une solution translucide, retirer du feu. Laisser refroidir une dizaine de minutes. Ajouter les huiles essentielles.
3 - Pendant ce temps, verser 100 ml d'eau dans un verre. Ajouter le bicarbonate de soude puis l'acide citrique : ça mousse ! Une effervescence vigoureuse se produit. La réaction entre le bicarbonate et l'acide citrique produit du citrate de sodium et un dégagement de CO_2. Mélanger pour accélérer la réaction. Attendre que le dégagement gazeux soit terminé.
4 - Verser le contenu du verre dans la casserole. La texture change. Mélanger avec un fouet puis un robot plongeur.
5 - Placer l'entonnoir dans le goulot du bidon. Y verser le contenu de la casserole. Une crème blanche opaque remplit le bidon.
6 - Laisser reposer au moins une nuit. La lessive se fige et forme un gel. Secouer vivement. Le gel se transforme en liquide épais. La lessive est prête.
7 - Verser la lessive dans une boule de lavage pour doser - compter environ 50 ml par charge - et la placer directement au cœur du linge dans le tambour. Agiter avant chaque emploi.

Bain pour la soie

La soie est vraiment très fragile, il est recommandé de la laver à la main.
Les machines récentes ont toutes un programme soie, qui lave à froid et essore à faible vitesse. L'essorage a en effet tendance à briser les fibres et à déformer les vêtements.

Matériel et ingrédients pour un vêtement :
- Une bassine
- Un verre de vinaigre

Utilisation :
1 - Remplir la bassine d'eau froide. Ajouter le vinaigre.
2 - Immerger le vêtement. Masser. Laisser tremper une dizaine de minutes.
3 - Vider l'eau de la bassine. La remplir d'eau. Masser le vêtement. Le sortir de l'eau. Essorer dans une serviette éponge. Faire sécher à plat ou sur un cintre.

800

Lessive sur mesure

Cool, on va pouvoir faire du custom avec les lessives ! Il est impossible de faire une lessive qui convienne pour toutes les circonstances sans ajouter d'ingrédients issus de la pétrochimie, toxiques ou polluants. Et franchement, une lessive pour ci, une lessive pour ça, c'est bien beau, mais une lessive qui s'adapte, c'est mieux.

Commençons par récapituler les ingrédients indispensables pour la lessive :

- Du savon. Mon préféré, c'est le savon de Marseille maison à deux ingrédients : huile d'olive et soude (p. 30). Un savon de Marseille de ménage du commerce convient aussi, assurez-vous cependant qu'il ne contient pas de colorant. Je suis aussi une adepte du gel de savon préparé à l'avance. Je trouve qu'il se dose plus facilement et, surtout, il se dissout à coup sûr dans la machine.

Gel de savon

Ingrédients :

- Une râpe
- Une casserole
- Un entonnoir
- Un bidon
- 100 g de savon de Marseille
- 2 l d'eau

Préparation :

1 - Râper le savon. Le verser dans la casserole avec l'eau. Chauffer sans porter à ébullition pour dissoudre le savon en mélangeant avec un fouet.
2 - Quand le savon est complètement dissous en une solution translucide, retirer du feu. Laisser refroidir une dizaine de minutes.
3 - Placer l'entonnoir dans le goulot du bidon. Y verser le contenu de la casserole.

- Des cristaux de soude pour un pH basique qui augmente l'efficacité du savon.
- Du percarbonate de soude pour le blanc ou du bicarbonate de soude pour la couleur.
- Du vinaigre blanc et, optionnellement, des huiles essentielles dans le compartiment pour l'assouplissant.

Quelles quantités ?

- 1 petit verre (100 ml) de gel de savon (un peu plus si l'eau est très dure et/ou le linge très sale).
- ½ verre de cristaux de soude (un peu plus si l'eau est très dure).
- ½ verre de percarbonate de soude OU de bicarbonate de soude.
- 1 verre de vinaigre avec quelques gouttes d'huile essentielle dans le compartiment pour assouplissant.

Coups de pouce pour la lessive

Pour une eau très dure
Ajouter un petit verre de bicarbonate de soude, en plus de la lessive, directement dans le tambour.

Pour enlever les odeurs (transpiration, tabac…)
Ajouter un petit verre de bicarbonate de soude, en plus de la lessive, directement dans le tambour.

Pour des serviettes toutes douces
Ajouter un demi-verre de cristaux de soude, en plus de la lessive, directement dans le tambour.

Pour laver plus blanc que blanc

Ajouter un demi-verre de percarbonate de soude, en plus de la lessive, directement dans le tambour.

Ou

Pour le linge délicat, ajouter un demi-verre de borax et un demi-verre de bicarbonate de soude, en plus de la lessive, directement dans le tambour.

Ou

Ajouter un sachet de levure chimique, en plus de la lessive, directement dans le tambour.

Ou

Pour le linge récalcitrant, faire tremper une nuit dans une bassine avec un verre de cristaux de soude et un demi-verre d'eau oxygénée, avant de laver en machine.

Ou

Contre la grisaille qui s'accroche petit à petit sur les vêtements, ajouter un demi-verre de bicarbonate de soude, directement dans le tambour, en plus de la lessive.

Pour laver les couleurs

Séparer les couleurs : le jaune avec le jaune, le rouge avec le rouge, sous peine d'obtenir une nouvelle garde-robe orange.

Pour raviver les couleurs, faire tremper une nuit dans une eau vinaigrée.

Pour laver le noir

Toujours laver à l'envers, de préférence avec une lessive liquide.
Faire tremper une nuit dans une eau vinaigrée.

Assouplissant au vinaigre

Le calcaire rend le linge rêche. Le vinaigre blanc permet d'éviter le dépôt de calcaire et de savon de calcaire sur les vêtements, qui sortiront tout doux de la machine. Évidemment, la lavande peut être remplacée par toute autre huile essentielle. J'aime bien la vanille de temps en temps, pour une touche sucrée dans les serviettes de toilette ou le petit linge.
Il faut toujours bien agiter avant utilisation pour répartir l'huile essentielle.

Matériel et ingrédients pour un litre d'assouplissant
- Une bouteille de vinaigre blanc
- 1 c. à c. d'huile essentielle de lavande

Préparation
1 - Ajouter l'huile essentielle au vinaigre. Agiter.
2 - Verser un verre par lessive dans le compartiment réservé à l'assouplissant.

Lessive
savon de
Marseille

Et les taches ?

On aimerait vivre dans un monde merveilleux où les shorts de foot ne se tachent jamais d'herbe, où le vin rouge n'est jamais renversé sur la table et où les taches de transpiration n'existent pas. Mais ce monde-là reste à inventer. En attendant, il faut s'occuper des taches.
Le mieux, c'est souvent d'agir tout de suite et d'essayer de détacher un maximum avant de mettre le vêtement souillé dans la machine. Une tache séchée, incrustée, ou pire encore, repassée, ne partira plus. Il faut donc toujours essayer de détacher avant de mettre à la machine.

Taches de gras

Le gras demande un traitement radicalement différent des autres taches. Avant d'agir, il est donc préférable de se demander s'il s'agit de gras : huile, sauce grasse, beurre...

Saupoudrer d'argile : blanc de Meudon, terre de Sommières. Masser légèrement pour que l'argile absorbe le plus possible de gras. Éliminer l'excès d'argile. Verser un peu de lessive liquide pure sur la tache avant de mettre à la machine.
Ou
Éponger puis frotter avec du savon détachant à la terre de Sommières (p. 31) . Faire tremper dans de l'eau très chaude avec des cristaux de soude. Frotter de nouveau avec le savon détachant avant de mettre à la machine.
Ou
Vaporiser avec le spray alcoolique aux agrumes (p. 28) et faire tremper dans de l'eau très chaude avec des cristaux de soude. Verser un peu de lessive liquide pure sur la tache avant de mettre à la machine.

Taches de sang/œuf/protéine

Jamais d'eau chaude ! L'eau chaude provoque la coagulation du sang. La tache ne partira plus.

Les protéines sont constituées d'acides aminés. Ces acides aminés sont liés entre eux, d'une part par des liaisons covalentes fortes qui forment le squelette de la molécule et, d'autre part, par des liaisons hydrogène faibles qui assurent la structure en trois dimensions de la molécule. À température ambiante et dans leur état naturel, ces protéines sont solubles dans l'eau. Sous l'action de la chaleur, les liaisons hydrogène se cassent. La molécule perd sa structure et peut alors former des liaisons avec d'autres molécules, c'est la coagulation. À partir du moment où les protéines ont coagulé, elles ne sont plus solubles dans l'eau.
Il y a bien d'autres facteurs qui peuvent faire coaguler les protéines : les acides, les bases fortes, l'urée, les rayons ultraviolets...
La plus grande prudence s'impose avec les taches de protéines. On évite, dans un premier temps, la chaleur, les acides, les cristaux de soude.

Rincer à l'eau froide. Dans un bol d'eau, ajouter du sel jusqu'à ce qu'il ne se dissolve plus. Faire tremper dans cette solution saturée en sel.
Ou
Rincer à l'eau froide. Ajouter une cuillerée à soupe de percarbonate de soude dans un bol d'eau (attention, le percarbonate blanchit les couleurs). Faire tremper.

Ou
Tamponner avec de l'eau oxygénée (attention, l'eau oxygénée blanchit les couleurs). Rincer à l'eau froide. Renouveler si nécessaire.
Ou
Sur une tache « cuite » : rincer à l'eau froide. Jeter un cachet d'aspirine dans un bol d'eau. Faire tremper dans cette solution d'aspirine.
Ou
Tamponner avec des enzymes (protéases). Où trouver des protéases ? L'ananas contient un taux élevé de bromélaïne, la protéase utilisée dans l'industrie alimentaire pour attendrir la viande. La plus forte concentration de bromélaïne se trouve dans la tête. Pour une tache tenace, on ose l'ananas. Couper la tête de l'ananas. Frotter la tache avec la partie tranchée. Maintenir la tête sur la tache et laisser agir une heure ou deux. Rincer à l'eau froide.

Taches d'herbe

La chlorophylle a une partie hydrophile et une partie hydrophobe, c'est-à-dire qu'elle n'est ni complètement soluble dans l'eau ni dans les solvants issus du pétrole (white-spirit). Il faudra un peu d'huile de coude et d'alcool ou d'acide pour en venir à bout.

Tamponner avec de l'alcool à 70°.
Ou
Faire tremper dans de l'eau vinaigrée.
Ou
Frotter avec un citron.
Ou
Vaporiser de l'alcool aux écorces d'agrumes (p. 28).

Taches de transpiration

Faire tremper dans l'eau vinaigrée.
Ou
Frotter avec du citron.
Ou
Faire tremper dans du percarbonate pour un vêtement blanc.

Tache de vin rouge

Là encore, le mieux est d'agir tout de suite : absorber le plus possible de vin avec une éponge et saupoudrer de sel pour éviter que la tache ne s'étende.
Puis :
Faire une pâte avec de l'eau oxygénée et du savon noir liquide. Imprégner la tache. Laisser agir une heure ou deux. Rincer à l'eau froide.
Ou
Tamponner avec de l'alcool à 70°.
Ou
Faire une pâte avec de l'eau et du bicarbonate de soude. Imprégner la tache. Laisser agir une heure ou deux. Rincer à l'eau froide.

Cambouis/mazout

Il y a des bricoleurs à la maison ou des apprentis mécaniciens ? Voilà comment se débarrasser des taches de cambouis. Toujours commencer par enlever l'excès avec une spatule métallique ou un couteau.
Puis :
Appliquer généreusement du beurre ou de l'huile. Saupoudrer de terre de Sommières. Masser légèrement. Laisser agir une heure ou deux. Éliminer l'excès d'argile. Verser un peu de lessive liquide pure sur la tache avant de mettre à la machine.
Ou
Tamponner avec de l'essence de Térébenthine. Saupoudrer de terre de Sommières. Masser légèrement. Laisser agir une heure ou deux. Éliminer l'excès d'argile. Verser un peu de lessive liquide pure sur la tache avant de mettre à la machine.
Ou
Frotter généreusement avec du savon détachant à la terre de Sommière (p. 31) avant de mettre à la machine.
Ou
Faire tremper dans un bain d'eau bouillante avec des cristaux de soude et du savon noir liquide. Essorer sommairement. Passer à la machine.

Miele

BALLES DE LAVAGE

Les balles de lavage intensifient l'action mécanique de la rotation du tambour en battant le linge à l'image des lavandières d'antan. Mieux battu, le linge est mieux nettoyé. Les balles de lavage améliorent aussi l'essorage.
Il faut compter une demi-douzaine de balles pour obtenir l'effet escompté. Les balles du commerce sont à la fois lourdes, souples et rugueuses. Elles sont malheureusement assez chères. Les balles de ping-pong ont la bonne taille mais sont trop légères et n'assurent pas le rôle de battage mécanique. Les balles de golf sont parfaites, mais trop dures et trop bruyantes. À moins de les customiser…

Autres taches

Certaines taches sont sensibles aux acides, d'autres, aux bases. Essayer, dans cet ordre :

- Appliquer de la pâte eau et bicarbonate.
- Faire tremper dans des cristaux de soude.
- Tamponner du vinaigre.
- Frotter un citron.
- Frotter avec le savon détachant à la terre de Sommières (p. 31).
- Imprégner du savon noir liquide et faire tremper.
- Faire tremper dans un bain de cristaux de soude et percarbonate de sodium.
- Vaporiser de l'alcool aux écorces d'agrumes (p. 28).

Balles de lavage maison

Matériel

- 6 balles de golf
- 3 paires de mi-bas ou 3 paires de collants

Préparation et utilisation

1 - Glisser une balle au fond du mi-bas (alternative : couper une jambe du collant et glisser la balle dans le pied).
2 - Tenir le mi-bas verticalement. Saisir la balle d'une main et la faire tourner sur elle-même horizontalement deux tours complets pour l'emprisonner au plus serré. Retourner le mi-bas sur la balle.
3 - Renouveler l'étape 2 jusqu'à 10 centimètres du haut du mi-bas.
4 - Faire un nœud pour bloquer la balle.
5 - Recommencer avec chacune des balles.
6 - Placer les 6 balles dans le tambour avec le linge et faire tourner la machine comme d'habitude. Évidemment, les balles peuvent se réutiliser à chaque lavage.

PANIÈRE À LINGE

Du linge qui attend dans la panière ? Pour éviter la prolifération des bactéries et des odeurs, ayez le réflexe bicarbonate de soude. Saupoudrez un demi-verre de bicarbonate dans la panière. Vous pourrez ensuite mettre directement le linge avec son bicarbonate dans la machine, la lessive n'en sera que plus efficace.

Vorwaschen
Prewash
Weichspüler
Softener
Waschen
Wash
Cap
W1
Miele

Entretien de la machine à laver

Prenez soin de votre machine à laver, elle prendra soin de votre linge.

Le joint

Pour une machine à hublot frontal, vérifier le joint après chaque lessive. On y retrouve toutes sortes d'objets : pièces de monnaie, épingles à cheveux, mais aussi des chaussettes ou des cheveux...

Pour éviter que des moisissures ne se développent dans le joint :
• Essuyer le joint régulièrement avec un chiffon microfibre.
• Laisser la porte ouverte.
• Faire une machine à la plus forte température (90 ou 95 °C) une fois par semaine. La lessive des torchons et chiffons en est le meilleur prétexte.

Si les moisissures sont déjà installées, commencer par essuyer avec un chiffon. Vaporiser ensuite avec du vinaigre additionné d'un peu d'huile essentielle d'arbre à thé, frotter avec une brosse à dents et essuyer pour sécher.

Le tambour

La lessive hebdomadaire à 90 °C devrait suffire à le maintenir propre.
S'il perd son brillant et se couvre d'un voile de calcaire ou de savon de calcaire, verser un petit verre d'acide citrique directement dans le tambour et faire tourner la machine à vide à la plus forte température.

Le bac à produit

Retirer le bac à produit. Le passer sous l'eau pour enlever le plus gros des résidus de lessive et d'assouplissant. Vaporiser du vinaigre blanc. Frotter pour éliminer toute trace de lessive et éventuellement de moisissure. Rincer. Essuyer. Le mettre en place.

Le filtre

Si, si, toutes les machines à laver ont un filtre. Il est caché derrière une trappe amovible. On y trouve tout ce qu'on a oublié dans les poches des vêtements qu'on a mis dans la machine un peu trop vite.

Il est recommandé de le vider au moins deux fois par an. Le dévisser, le vider. L'arroser de vinaigre blanc, le brosser. Le remettre en place.

Faire sécher le linge

L'idéal, c'est le séchage au grand air et au soleil. L'effet synergique des U.V. et de la chaleur fait du soleil un puissant bactéricide. Les rayons solaires ultraviolets réagissent avec l'oxygène dissous dans l'eau pour former des radicaux libres qui tuent les pathogènes. De plus, l'action directe des U.V. sur certaines bactéries perturbe leur métabolisme et les élimine. Enfin, la chaleur apportée par les rayons infrarouges accélère l'effet des rayons ultraviolets.

Essorer et faire sécher un vêtement en laine ou en soie

1 - Étendre le vêtement bien à plat, sans pli, sur une serviette de toilette.
2 - Rouler la serviette sur elle-même de manière à enfermer le vêtement.
3 - Appuyer sur le rouleau sans le tordre pour que la serviette absorbe le maximum d'eau. Dérouler la serviette.
4 - Faire sécher à plat ou sur un cintre.

Le sèche-linge

C'est sûr, ce n'est pas hyperécolo, mais quand on habite un petit appartement ou dans un pays où il pleut tout le temps, c'est quand même pratique. Il simplifie vraiment la vie, en particulier pour le séchage des draps et des serviettes.
Pour éviter que le linge ne se froisse dans le sèche-linge, il est fortement recommandé d'utiliser des balles de séchage.

Mini-balles de séchage

Matériel pour 6 balles :
- 6 balles de golf
- 3 paires de chaussettes

Préparation et utilisation :
1 - Glisser une balle au fond de la chaussette.
2 - Tenir la chaussette verticalement. Saisir la balle d'une main et la faire tourner sur elle-même horizontalement deux tours complets pour l'emprisonner au plus serré. Retourner la chaussette sur la balle.
3 - Renouveler l'étape 2 jusqu'en haut de la chaussette
4 - Recommencer avec chacune des balles.

Balles de séchage en laine

Pour des balles 100 % maison et de taille sur mesure, rien ne vaut la balle de laine. Le principe est simple : on entortille un brin de laine sur lui-même jusqu'à obtenir une boule bien ronde et bien serrée. Il faudra laver les balles avant usage pour les feutrer et éviter qu'elles ne laissent des peluches dans le linge qui sèche.

Matériel pour 6 balles :

- Une aiguille passe laine ou un crochet à laine
- 2 pelotes de laine 100 % pure laine
- Un vieux collant
- 2 m de cordon

Préparation et utilisation :

1 - Enrouler la laine autour de l'index et du majeur une dizaine de fois. Faire glisser cet enroulement hors des doigts et le sécuriser par une dizaine de tours de laine perpendiculairement dans la région centrale. C'est l'ébauche de la balle.

2 - Enrouler la laine autour de cette ébauche le plus serré possible pour obtenir une forme bien ronde et compacte. Faire tourner la balle sur elle-même pour répartir la laine de manière uniforme au fil des tours. Continuer jusqu'à ce que la balle atteigne la taille d'une balle de tennis.

3 - Couper le brin de laine. L'enfiler dans l'aiguille à laine. Piquer plusieurs fois au cœur de la balle pour stopper les derniers tours et enfouir le brin de laine.

4 - Recommencer pour obtenir 6 balles.

5 - Glisser une balle au fond de la jambe du collant. La bloquer en nouant avec un morceau de cordon. Répéter avec les autres balles. On obtient un serpent de balles.

6 - Laver à chaud pour feutrer la laine. Une lessive de serviettes est parfaite pour ça. Faire sécher au sèche-linge. Les sortir du collant. Et voilà des balles de séchage toutes belles et douces.

7 - Les placer dans le sèche-linge avec le linge mouillé. Elles vont brasser le linge qui conservera toute sa douceur. Pour un linge parfumé, ajouter quelques gouttes d'huile essentielle sur les balles avant de les mettre dans le sèche-linge.

Sachets senteur

Encore plus simple que les huiles essentielles, les herbes séchées donneront un parfum délicat au linge.

Matériel et ingrédients :

- Un mi-bas
- 50 g d'herbes sèches au choix (menthe, mélisse citronnée, lavande)

Préparation et utilisation :

1 - Glisser les herbes dans le mi-bas. Faire un nœud pour fermer au plus serré.

2 - Placer dans le sèche-linge avant de le mettre en route.

ENTRETIEN DU SÈCHE-LINGE

Puisqu'on n'y met que du linge propre, le sèche-linge ne se salit pas vraiment. Il est toutefois essentiel de le débarrasser des peluches et de nettoyer les filtres à chaque usage. On prendra également soin de vider le bac de récupération d'eau à chaque fois.

Le repassage

Finalement, le repassage, c'est moins pénible que bien d'autres taches ménagères. Pendant qu'on repasse, on peut regarder la télé, écouter la radio et même danser ! OK, je ne suis pas très convaincante, j'arrête. Disons que si le fer glisse bien et que la vapeur arrive sans encombre, tout va tout de suite beaucoup mieux. Il est donc important de veiller à ce que le fer ou la centrale vapeur ne s'entartre pas et que la semelle du fer reste propre.

Détartrer le fer avec du vinaigre

1 - Vider le réservoir du fer. Faire un mélange moitié-moitié eau-vinaigre. Remplir le réservoir de ce mélange.
2 - Faire chauffer le fer et laisser le mélange s'évaporer. Le vinaigre dissout le calcaire et dégage les orifices de la semelle du fer.
3 - Remplir le réservoir d'eau déminéralisée et laisser évaporer pour éliminer les éventuels restes de vinaigre.
4 - Utiliser le fer comme d'habitude.

Déboucher les orifices de sortie de la vapeur

Matériel et ingrédients
• Un verre de vinaigre • 1 c. à s. de sel fin
• Une petite casserole • Des Cotons-Tiges

Préparation et utilisation
1 - Verser le sel et le vinaigre dans la casserole. Faire chauffer pour dissoudre le sel. Retirer du feu.
2 - Tremper un Coton-Tige dans le vinaigre salé et frotter les orifices de sortie de vapeur avec le Coton-Tige pour déloger le calcaire et les résidus.

Nettoyer la semelle du fer

Avec du vinaigre et du sel

Matériel et ingrédients
• Un chiffon • Une poignée de sel
• Un vaporisateur de vinaigre

Utilisation
1 - Vaporiser du vinaigre sur le chiffon. Saupoudrer de sel. Frotter la semelle du fer.
2 - Essuyer avec un chiffon humide.

À chaud avec du sel

Matériel et ingrédients
• Une feuille de papier cuisson
• Un chiffon • 1 ou 2 c. à s. de sel fin

Utilisation
1 - Étaler la feuille de papier cuisson sur la table à repasser. Y verser le sel.
2 - Faire chauffer le fer au maximum sans vapeur et frotter la semelle sur le sel quelques minutes.
3 - Éteindre le fer. Le laisser refroidir, la semelle contre le sel.
4 - Quand le fer est froid, essuyer la semelle avec un chiffon humide.

Avec du dentifrice

Matériel et ingrédients
• Une brosse à dents
• Du dentifrice
• Un chiffon

Utilisation
1 - Appliquer un peu de dentifrice sur la brosse à dents. Brosser la semelle.
2 - Essuyer avec un chiffon humide.
3 - Remplir le réservoir d'eau déminéralisée. Faire chauffer le fer et laisser tout le réservoir s'évaporer. Essuyer.

Une maison sans papier essuie-tout

Le papier essuie-tout, il faut le reconnaître, est une belle invention. Il a envahi la cuisine et même les autres pièces de la maison. Comment faisait-on avant ? Avec des éponges, des serviettes et des torchons.

À table

La bonne vieille serviette de table a encore de beaux jours devant elle. C'est un petit investissement. Si on fait l'effort de passer aux serviettes de table, autant se faire plaisir avec de jolies serviettes qu'on aura envie d'utiliser. Le tissu est crucial : il doit être absorbant et, en même temps, doux au toucher. Personne n'a envie de s'essuyer la bouche avec une râpe. Les serviettes en tissu peuvent servir plusieurs repas. Chacun range sa serviette à sa façon à la fin du repas pour la reconnaître. Et puis, qui a dit que les ronds de serviette c'est ringard ?

Combien en faut-il ? Douze pour une famille de quatre.

Pour faire face aux accidents

Un verre de jus d'orange renversé, le lait qui déborde, ça arrive dans toutes les maisons. Les éponges essuie-tout se présentent sous forme d'un carré absorbant de 20 centimètres de côté et d'une épaisseur de seulement quelques millimètres. Elles absorbent plus et mieux que le papier essuie-tout et en plus, elles ne se déchirent pas. Les éponges essuie-tout sont lavables en machine.

Combien en faut-il ? Une dizaine.

Pour essuyer les mains et la bouche des enfants

Le bavoir en tissu éponge pour les tout-petits est majoritairement adopté dans les familles. Pourquoi perdre cette bonne habitude... De petits essuie-mains, éventuellement fabriqués en découpant de vieilles serviettes de toilette, feront parfaitement l'affaire.

Combien en faut-il ? Une douzaine.

Pour absorber le gras d'une friture
C'est clair, personne ne veut faire ça avec un torchon. Il existe malgré tout des alternatives au papier essuie-tout. Je garde et recycle le plus longtemps possible les sacs en papier des courses. Au bout d'un moment, ils finissent par se percer, se déchirer. Ce n'est pourtant pas la fin de leur vie. Ouverts et posés bien à plat, ils feront un lit douillet pour accueillir les beignets.

Pour essuyer et/ou conserver les légumes à feuilles
Retour de marché, des légumes pleins les bras. On trie, on lave, on range. Les légumes à feuilles gagnent à être conservés sur un petit matelas qui absorbe à la fois l'excès d'humidité et empêche les feuilles de flétrir. Un chiffon en microfibres placé dans le fond du bac à légumes jouera le même rôle que des feuilles de papier essuie-tout. Avant de faire le pas vers cette transition, il est essentiel d'arrêter de faire sa lessive avec des assouplissants du commerce, même bio et de ne pas mettre de lingettes dans le sèche-linge.
Combien en faut-il ? Trois/quatre.

Pour conserver les herbes aromatiques
Les herbes fraîches, comme la menthe ou la coriandre, se conservent mieux au frigo dans une boîte sur un tapis humide. Comme pour les légumes à feuilles, des petits chiffons en microfibres sont tout indiqués pour ça.
Combien en faut-il ? Trois/quatre.
Les herbes comme le persil, le thym, l'origan peuvent tout aussi bien se garder dans un verre d'eau. En plus, c'est joli dans la cuisine.

Pour les taches les plus salissantes
Dans toutes les maisons, se déroulent des activités salissantes. Il en résulte des traces de cramé, de gras, de rouille, de peinture ou un mélange de tout. Prévoir des chiffons découpés dans des vieux vêtements usés. On essuie sans hésiter les pires des taches. On peut toujours essayer de les laver. Et s'il reste des traces, ils passent à la poubelle sans mauvaise conscience.
Combien en faut-il ? Une demi-douzaine.

Bureau

De plus en plus de personnes travaillent aujourd'hui à la maison, un ou plusieurs jours par semaine. Une pièce dédiée ou au moins un coin bureau s'impose pour travailler dans de bonnes conditions. La différence avec l'entreprise, c'est que le service de ménage ne passe pas tous les soirs. Il faut s'en occuper soi-même. Or, les ordinateurs sont des objets relativement récents dans notre quotidien. Il n'y a pas d'astuce de grand-mère pour nettoyer son clavier. On s'en remet donc aux produits adéquats vendus dans le commerce sans trop savoir comment faire autrement. Rien de bien sorcier, pourtant. Suivez le guide.

Le materiel informatique

Nettoyer un clavier d'ordinateur

Pas très glamour comme entame, mais malheureusement vraie : les claviers d'ordinateur sont de véritables bouillons de culture. Ils fourmillent de microbes et de bactéries. Il faut prendre toutefois les plus grandes précautions avec le matériel informatique pour ne pas l'endommager. On veillera en particulier à éviter qu'un liquide ne coule entre les touches et ne vienne créer des courts-circuits.

Matériel et ingrédients :

- Un pinceau
- Un chiffon
- Des cotons-tiges
- Un vaporisateur de vinaigre blanc

Utilisation :

1 - Débrancher le clavier de l'unité centrale. S'il s'agit d'un portable, éteindre l'ordinateur. Retourner le clavier au-dessus d'une feuille de papier journal. Secouer le clavier délicatement pour faire tomber les poussières et les débris coincés entre les touches.
2 - Épousseter les touches avec un pinceau. Le faire glisser entre les touches.
3 - Vaporiser un peu de vinaigre sur un chiffon en microfibres et le passer sur et autour des touches. Surtout pas l'inverse, pas de vaporisation directe sur le clavier ! Pour les interstices, tremper un coton-tige dans du vinaigre et frotter délicatement.
4 - Essuyer avec le chiffon.

Nettoyer les écrans

Les écrans d'ordinateur et des tablettes sont fragiles à plusieurs égards. D'une part, le verre se raye facilement. Les poussières collées représentent autant de particules abrasives quand on frotte. Et même certains chiffons, notamment le papier absorbant ou les mouchoirs en papier, peuvent être émollients pour les écrans. D'autre part, des pressions trop fortes pourraient irrémédiablement endommager les pixels.
Quelle que soit la méthode de nettoyage utilisée, il faudra toujours au préalable débrancher l'écran. Il ne doit pas être sous-tension ni raccordé à l'ordinateur lors du nettoyage.

Nettoyer le pourtour

Comme pour le grand nettoyage des fenêtres, on commence par nettoyer autour de l'écran avant de s'attaquer à l'écran lui-même.
1 - Vaporiser du vinaigre sur un chiffon en microfibres.
2 - Frotter sans toucher l'écran. Insister sur les taches.

Nettoyer l'écran avec un chiffon sec

Il existe des chiffons en microfibres adaptés aux écrans. Ils ressemblent aux chiffons pour les lunettes de vue.
1 - Commencer par enlever la poussière en passant le chiffon de manière très légère et souple sur l'écran. Secouer le chiffon pour faire tomber la poussière.
2 - Puis essuyer en faisant des mouvements circulaires réguliers. Si des taches résistent, faire un peu de buée sur l'écran avec la bouche et recommencer les mouvements circulaires.

Nettoyer l'écran avec une solution vinaigrée

Il reste des traces après le nettoyage à sec ? Pas de souci.

Matériel et ingrédients :
- Un vaporisateur
- Deux chiffons en microfibres
- 1 verre de vinaigre blanc
- 1 verre d'eau déminéralisée

Utilisation :
1 - Dépoussiérer l'écran soigneusement avec un chiffon.
2 - Verser le vinaigre et l'eau déminéralisée dans le vaporisateur. Vaporiser un peu de vinaigre sur le chiffon (jamais directement sur l'écran).
3 - Essuyer l'écran en de petits mouvements circulaires sans exercer de pression. Répéter les mouvements circulaires jusqu'à ce que l'écran soit propre et sec.

Quelques conseils
Éviter d'exercer des pressions sur l'écran.
Si les taches résistent, continuer à essuyer mais ne pas appuyer plus fort.
Ne pas utiliser d'alcool, ni de produit à vitre, ni de détergent.
Ne jamais vaporiser de solution sur l'écran mais sur le chiffon.
Ne pas utiliser de mouchoir en papier.

Nettoyer un téléphone mobile

Nettoyage à sec
Éteindre le téléphone. Essuyer avec un chiffon pour lunettes. Ça suffit pour enlever la poussière et les traces de sébum.
Pour enlever les taches qui persistent, souffler sur l'écran pour laisser un peu de buée. Essuyer délicatement avec un chiffon à lunettes.

Nettoyage à l'eau déminéralisée
Si des taches persistent, humidifier le chiffon avec un peu d'eau déminéralisée. Le chiffon ne doit pas être complètement mouillé. Essuyer l'écran verticalement et horizontalement jusqu'à la disparition des traces.

Nettoyage à l'eau vinaigrée
Pour un nettoyage intégral du téléphone, préparer une solution en mélangeant un volume d'eau déminéralisée avec un volume de vinaigre blanc. Humidifier un chiffon à lunettes avec cette solution.
Le chiffon ne doit pas être complètement mouillé. Essuyer l'ensemble du téléphone méticuleusement.

Anthurium - Langue de

PLANTES VERTES

Le bureau est sans doute la pièce de la maison qui concentre le plus de polluants de l'air. Les ordinateurs et les imprimantes sont sources de composés organiques volatiles et d'ozone. Ces pollutions s'ajoutent à celles trouvées dans les autres pièces de la maison. Il est donc primordial d'aérer le bureau tous les jours. Ouvrir en grand la fenêtre cinq minutes le matin et cinq minutes le soir permet de renouveler entièrement l'air de la pièce. L'efficacité dépolluante des plantes est parfois contestée. Ce qui est indéniable, en revanche, c'est leur effet apaisant et décoratif. Pour certains, les plantes constituent même une source d'inspiration.

Quelle plante choisir ?

Il faut faire simple, avec des plantes que l'on connaît bien et qui demandent peu d'entretien.
Le **chlorophytum** ou plante araignée croît vite, requiert peu d'attention et sa réputation de plante dépolluante n'est plus à faire. Le **ficus** prendra également très bien ses aises dans un bureau. Et pour les amoureux des plantes fleuries, l'**anthurium** sera le candidat idéal.

Chlorophytum

Nettoyer les murs

Les posters ou les étagères laissent des traces quand on les enlève ou les déplace.

Effacer les traces sur les murs avec du vinaigre

Matériel et ingrédients :
- Une bassine
- Un chiffon en microfibres
- 1 verre de vinaigre blanc
- 1 l d'eau

Utilisation :
1 - Mélanger le vinaigre et l'eau dans la bassine.
2 - Tremper le chiffon dans la solution vinaigrée. Essorer. Tamponner le mur. Laisser sécher.

Effacer les traces sur les murs avec du bicarbonate

Matériel et ingrédients :
- Un bol
- Un chiffon
- 1 verre de bicarbonate de soude

Utilisation :
1 - Mélanger le bicarbonate avec juste assez d'eau pour former une pâte dans le bol.
2 - Prélever un peu de cette pâte avec le chiffon. Frotter le mur. Rincer. Laisser sécher.

Chambre

La chambre représente le lieu de confort, de douceur et d'intimité. C'est aussi la pièce dans laquelle on passe sans doute le plus de temps. Prendre soin de sa chambre, c'est donc aussi prendre soin de soi. Et ça commence par des gestes tout simples, comme aérer et faire le lit.

Les bons gestes

Aérer

La pollution intérieure est parfois bien plus importante que celle des grandes villes, de deux à dix fois selon les études. Moisissures, acariens, mais aussi composés organiques volatiles et monoxyde de carbone s'invitent dans nos maisons, même dans la chambre à coucher.

Puisque l'air dans la maison est plus pollué que l'air extérieur, il s'impose de faire entrer de l'air frais. Ouvrir les fenêtres en grand tous les jours est le geste le plus simple et le plus efficace pour un intérieur sain. L'idéal est d'aérer le matin, quand la pollution extérieure est la plus faible. Dix minutes suffisent pour renouveler tout l'air d'une pièce. Laisser ouvert plus longtemps n'apporte rien, à part refroidir les murs en hiver. Il vaut bien mieux ouvrir plusieurs fois par jour qu'une fois trop longtemps.

Avec ce geste simple, le dioxyde de carbone, les composés organiques volatiles et l'humidité s'échappent. Une ambiance humide en soi n'est pas néfaste, mais elle est propice au développement des moisissures qui contiennent des spores allergènes. L'air froid sature plus vite en eau, ce qui entraîne plus de condensation. Il faut donc chauffer régulièrement mais modérément, les moisissures appréciant particulièrement les endroits chauds.

Pendant que la chambre ventile, tapez les oreillers et le matelas, brossez le drap-housse, secouez la couette et laissez le lit respirer. Les acariens phanérophages se nourrissent de nos peaux mortes. Notre lit représente donc un véritable banquet pour ces créatures microscopiques. Rassurez-vous les acariens sont inoffensifs, juste parfois porteurs de substances allergènes.

Ajouter des plantes

Oui, je sais, une idée reçue selon laquelle il est mauvais d'avoir des plantes dans une chambre est fortement répandue. L'occasion de lui tordre le cou.
Le jour, comme la nuit, les plantes respirent, donc elles consomment du dioxygène O_2 et rejettent du dioxyde de carbone CO_2. En présence de lumière, la photosynthèse permet aux plantes de se développer, de grandir, en captant du dioxyde de carbone et en rejetant du dioxygène. Certes, la photosynthèse s'arrête la nuit. Mais en 24 heures, la production de dioxyde de carbone issue de la respiration est nettement moins importante que celle en dioxygène issue de la photosynthèse. Donc, globalement, les plantes produisent du dioxygène et, surtout, consomment plus de dioxyde de carbone qu'elles n'en produisent. Il y aura toujours assez d'oxygène dans une maison. En revanche, le dioxyde de carbone s'accumule. À cet égard, les plantes sont salvatrices.

Comme une bonne nouvelle n'arrive jamais seule, de nombreuses plantes, en plus de consommer du CO_2, ont des propriétés dépolluantes, dans le sens où elles vont absorber des composés néfastes présents dans l'air ambiant.

L'introduction d'une ou deux plantes dans une chambre, non seulement ne présente aucun danger, mais surtout permet de se débarrasser de polluants, notamment de certains composés organiques volatiles.

Quelques suggestions
de plantes à placer dans une chambre

Fougère de Boston

ou Nephrolepsis exaltatabostoniensis
Inutile de la présenter, c'est la variété de fougère qu'on associe usuellement avec le terme « fougère ». Souvent considérée comme commune et peu intéressante, la fougère recèle de propriétés. Elle participera à la décomposition de polluants tels que le monoxyde de carbone, le toluène, le xylène. Elle est facile d'entretien. Plante de sous-bois, elle ne nécessite que peu de lumière et n'aime pas les grandes chaleurs. Elle n'atteindra pas plus de 50 cm en pot et se trouvera ainsi une petite place dans la chambre.

Palmier

ou Chamaedorea
Le palmier appartient à la famille des plantes facile d'entretien, ce n'est pas un hasard s'il est aussi populaire. Il apprécie l'ombre et aura besoin d'un peu plus d'eau en été qu'en hiver. Il permet de se débarrasser notamment du formaldéhyde, du monoxyde de carbone, du xylène et du benzène.

Fleur de lune

ou Spathiphyllum

Pour ceux qui préfèrent les plantes fleuries aux plantes vertes, la fleur de lune est un excellent choix. Elle n'a besoin que de très peu de lumière et s'épanouit dans des températures entre 13 et 25 °C. Sa petite taille s'adaptera facilement à une chambre à coucher. Il ne faut pas s'y laisser prendre, la fleur de lune, derrière un air angélique, a des capacités dépolluantes hors du commun : ammoniac, benzène, toluène, xylène, formaldéhyde, trichloroéthylène, méthanol et acétone ne lui résisteront pas.

Dragonier de Madagascar

ou Dracaena Marginata

Si, si, vous le connaissez. Il se distingue par ses troncs multiples sur plusieurs niveaux et ramifiés. C'est la plante de l'étudiant, elle est tellement simple d'entretien. Elle tolère quasiment toutes les températures et toutes les luminosités. Ça ne l'empêche pas d'être une championne de la purification de l'air en décomposant le monoxyde de carbone, le formlaldéhyde, le benzène, le toluène, le xylène et le trichloroéthylène.

Le linge de lit

Laver et sécher les oreillers

La plupart des oreillers peuvent se laver en machine, même les oreillers en duvet. Pour équilibrer le poids dans la machine, toujours mettre au moins deux et, au plus, trois oreillers dans le tambour.

Matériel et ingrédients :
• 6 balles de lavage (p. 143) • 6 balles de séchage (p. 146) • 1 verre de percarbonate de sodium • 50 ml de lessive liquide (p. 126) • 2 verres de vinaigre blanc

Utilisation :
1 - Placer les oreillers dans le tambour. Ajouter le percarbonate, la lessive liquide et les balles de lavages. Verser un verre de vinaigre blanc dans le compartiment réservé à l'assouplissant.
2 - Laver à la température maximale recommandée par les instructions de lavage. À la fin du cycle, lancer un nouveau rinçage avec le deuxième verre de vinaigre pour éliminer toute trace de détergent.
3 - Transférer les oreillers dans le sèche-linge. Ajouter les balles de séchage. Sécher à l'air froid ou tiède.

Blanchir des oreillers

Les oreillers jaunissent avec le temps. Pour les blanchir à coup sûr, un prélavage est nécessaire. Les oreillers sont volumineux. Pour les dorloter, ne pas hésiter à les plonger dans la baignoire.

Matériel et ingrédients pour deux oreillers :
• 4 bouteilles d'eau pleines ou tout autre objet lourd • 6 balles de lavage (p. 143) • 6 balles de séchage (p. 146) • 1 verre de cristaux de soude • ½ verre d'eau oxygénée • 50 ml de lessive liquide pour le blanc (p. 131) • 2 verres de vinaigre blanc

Utilisation :
1 - Remplir la baignoire d'eau chaude. Y verser les cristaux de soude et l'eau oxygénée. Brasser pour dissoudre les cristaux de soude. Y plonger les oreillers. Les submerger pour s'assurer que leur cœur est imbibé. Les couvrir avec les bouteilles d'eau pour les maintenir immergés. Laisser tremper une nuit.
2 - Les sortir de leur bain. Les placer directement dans le tambour de la machine avec la lessive pour le blanc et les balles de lavages. Verser un verre de vinaigre dans le compartiment réservé à l'assouplissant.
3 - Laver à 40 ou 60 °C selon les instructions de lavage. À la fin du cycle, lancer un nouveau rinçage avec le deuxième verre de vinaigre pour éliminer toute trace de détergent.
4 - Transférer les oreillers dans le sèche-linge. Ajouter les balles de séchages. Sécher à l'air froid ou tiède.

Rafraîchir la couette

Il y a peu de chance que la couette rentre dans la machine à laver. Avant de l'emporter au pressing, il y a une astuce toute simple à essayer.

Matériel et ingrédients pour une couette :
• Un grand sac-poubelle • 1 verre de bicarbonate de soude parfumé (p. 20)

Utilisation :
1 - Placer la couette dans le sac-poubelle. Y verser le bicarbonate de soude.
2 - Fermer le sac, le faire rouler pour bien répartir le bicarbonate et secouer. Laisser agir au moins une nuit (ou une journée).
3 - Retirer la couette du sac, secouer pour la débarrasser du bicarbonate.

Entretien des matelas

Même si vous avez une grande baignoire, je doute qu'un matelas puisse s'y glisser. Des gestes simples permettent néanmoins de prolonger la vie des matelas.

Tourner et retourner un matelas

La rotation dessus-dessous et/ou haut-bas du matelas assure une distribution du poids et donc de l'usure. Elle équilibre la répartition des matériaux. Il est conseillé de le faire au moins deux fois par an. Pour être sûre de ne pas oublier, je retourne le matelas à chaque changement d'heure.

Passer l'aspirateur sur un matelas

Un matelas a des coutures qui forment autant de crevasses dans lesquelles s'accumulent les poussières et les acariens. Pour plus d'efficacité, il faut utiliser un petit embout rigide et le faire glisser lentement pour tout aspirer. C'est typiquement un geste à faire au moment de retourner le matelas. Désolée, ça prend du temps. Mais c'est rassurant de savoir qu'on ne partage pas son lit avec des colonies d'acariens, non ?

Répulsif contre les acariens

Il n'existe pas de recette miracle contre les acariens. La lutte contre la poussière reste la méthode la plus sûre. Toutefois, l'huile de neem, aussi appelée l'huile de margousier, est un répulsif puissant contre les insectes. Son odeur forte ne plaît pas à tout le monde. Il faut donc la tester avant d'en pulvériser partout.

Matériel et ingrédients :
- Un vaporisateur
- 1 c. à s d'huile de neem
- 100 ml d'alcool à 70°

Préparation et utilisation :
1 - Verser les ingrédients dans le vaporisateur. Agiter vivement pour mélanger.
2 - Vaporiser sur le sommier et le matelas.

Répulsif contre les punaises de lit

Matériel et ingrédients :
- Une brosse
- Un aspirateur
- 1 verre de terre de diatomée

Utilisation :
1 - Saupoudrer la terre de diatomée sur le sommier et le matelas. Brosser. Laisser agir vingt-quatre heures.
2 - Aspirer avec l'aspirateur équipé d'un petit embout rigide.

Rafraîchir un matelas

Matériel et ingrédients :
- Un aspirateur
- Un pot en verre d'environ 300 ml et son couvercle percé
- 200 g de bicarbonate
- 1 c. à c. d'huile essentielle de lavande, de menthe poivrée ou de cèdre de l'atlas

Utilisation :
1 - Verser le bicarbonate et l'huile essentielle dans le pot. Mélanger.
2 - Saupoudrer généreusement sur tout le matelas. Laisser agir une heure ou deux.
3 - Aspirer avec l'aspirateur équipé d'un petit embout rigide.

Détacher un matelas

Parce que ça arrive dans toutes les familles.

AVEC DU VINAIGRE BLANC
Matériel et ingrédients :
- Deux ou trois chiffons
- Un vaporisateur de vinaigre blanc
- ½ verre de bicarbonate

Utilisation :
1 - Éponger au maximum en prenant garde à ne pas étaler la tache.
2 - Vaporiser avec du vinaigre. Tamponner avec un chiffon pour ne pas faire pénétrer.
3 - Saupoudrer avec du bicarbonate. Laisser sécher. Aspirer.
4 - Renouveler les étapes 2 à 3 si nécessaire.

AVEC DU SAVON NOIR LIQUIDE
Matériel et ingrédients :
- Un vaporisateur
- Un sèche-cheveux (optionnel)
- ½ l d'eau chaude
- 2 à 3 c. à s. de savon noir liquide

Utilisation :
1 - Éponger au maximum en prenant garde à ne pas étaler la tache.
2 - Verser l'eau chaude puis le savon noir liquide dans le vaporisateur. Agiter pour dissoudre le savon.
3 - Vaporiser la tache avec la solution savonneuse. Frotter délicatement avec un chiffon. Absorber un maximum d'eau avec un chiffon sec. Laisser sécher ou sécher avec le sèche-cheveux.
4 - Renouveler l'étape 3 si nécessaire.

AVEC DE L'EAU OXYGÉNÉE
Matériel et ingrédients :
- 200 ml d'eau oxygénée
- 2 à 3 c. à s. de bicarbonate de sodium

1 - Éponger au maximum en prenant garde à ne pas étaler la tache.
2 - Vaporiser la tache avec de l'eau oxygénée. Saupoudrer avec du bicarbonate. Ça mousse ! Laisser agir.
3 - Tamponner avec un chiffon.
4 - Laisser sécher. Aspirer.
5 - Renouveler les étapes 2 à 4 si nécessaire.

Florame
Huile Essentielle Bio
MANDARINE DISTILLÉE

Laver un matelas avec de la vapeur d'eau

Le nettoyeur vapeur permet d'une part de désincruster les saletés et, d'autre part, d'enlever les taches. C'est une méthode à employer aux beaux jours pour que le matelas sèche au plus vite.

Utilisation :
1 - Commencer par les taches. Installer la buse haute pression et orienter le jet à l'horizontal sur la tache. Éponger l'excès d'eau avec un chiffon.
2 - Équiper le nettoyeur vapeur de la grande brosse. Peigner lentement et délicatement toute la surface du matelas pour que la vapeur désincruste la saleté.
3 - Couvrir la brosse d'un chiffon et la passer sur toute la surface pour recueillir la saleté remontée à la surface.
4 - Laisser sécher à l'air libre ou utiliser un sèche-cheveux.

Nettoyer l'intérieur des armoires et des placards

Mon armoire est trop petite pour y entreposer les vêtements d'hiver et ceux d'été (certains diront que j'ai trop de fringues, mais c'est un autre débat). Au changement de saison, je vide les étagères pour faire tourner la garde-robe et j'en profite pour nettoyer l'intérieur des placards.

Matériel et ingrédients :
- Un entonnoir
- Un vaporisateur
- Un chiffon en microfibres
- ½ l de vinaigre blanc
- Une vingtaine de gouttes d'huile essentielle d'arbre à thé

Préparation et utilisation :
1 - Placer l'entonnoir dans le goulot du vaporisateur. Y verser le vinaigre et l'huile essentielle. Agiter pour mélanger.
2 - Vaporiser sur toutes les étagères et les parois de l'armoire. Essuyer avec le chiffon.

Lutter contre les mites

Les mites se nourrissent avant tout de nos déchets : transpiration, peaux mortes. La meilleure lutte contre les mites, c'est du linge propre. Mais voilà, on ne lave pas un pull après l'avoir porté quelques heures seulement. En cas de doute de présence de mites ou de larves dans un vêtement, le froid ou le chaud sont efficaces.

Méthode au froid
Placer le vêtement dans un sac plastique dans le congélateur. Laisser une nuit. Les larves ne résisteront pas à ce passage au froid.

Méthode au chaud
Repasser avec le réglage du fer le plus chaud possible toléré par le vêtement pour tuer les mites sans abîmer les tissus.

Les méthodes préventives

Bonne nouvelle, il y en a plein ! Vous n'avez qu'à choisir celle qui vous convient.

Savon de Marseille

Oui, ce bon vieux savon de Marseille. Comment ? La prochaine fois que vous achetez du savon de Marseille, achetez-en plusieurs et disposez-en quelques-uns dans vos armoires. Mon astuce : les savons fabriqués maison nécessitent 3 ou 4 semaines de cure après démoulage (p. 30). Je les laisse sécher dans les armoires. Plus longtemps ils sont oubliés au milieu du linge, mieux c'est pour les savons et pour la lutte contre les mites. Gagnant-gagnant.

Bouquets d'herbes aromatiques

Lutter contre les mites peut même ajouter une jolie déco dans les armoires en confectionnant des petits bouquets d'herbes aromatiques retenues par un ruban en satin. Il s'agit de la lavande, du thym, du romarin, de la menthe poivrée.

Matériel et ingrédients pour un bouquet :
- Une dizaine de brins d'herbes sèches
- Un ruban en satin d'environ 30 cm

Préparation et utilisation :
1 - Couper les herbes à la même longueur. Les regrouper en bouquet serré. Les entourer du ruban.
2 - Disposer les bouquets au milieu du linge dans les armoires.

Sachets d'herbes aromatiques

C'est le moment d'exploiter vos talents de couturière en confectionnant de petits sachets dans lesquels glisser des herbes et des fleurs aromatiques. Si, comme moi, vous êtes nul en couture, une chaussette ou un mi-bas fera également l'affaire. Les sachets permettent d'utiliser des feuilles ou des fleurs volantes. On peut aussi les accrocher à un cintre pour qu'ils soient au cœur des vêtements. Ils conviennent pour les feuilles ou les fleurs de romarin, thym, menthe poivrée, lavande, laurier, eucalyptus.

Matériel et ingrédients pour un sachet :
- Une poignée d'herbes ou de fleurs séchés
- Un mi-bas

Préparation et utilisation :
1 - Verser les herbes ou les fleurs dans le mi-bas. Faire un nœud.
2 - Disposer les sachets au milieu du linge dans les armoires.

Sachets d'épices et d'écorces

C'est la même technique que pour les herbes. De petites quantités permettent d'obtenir de grands résultats. La liste est longue : clous de girofle, grains de poivre, écorces de citron, écorces d'orange, copeaux de bois de cèdre.

Matériel et ingrédients pour un sachet :
- Une demi-poignée d'herbes ou de fleurs séchées
- Un mi-bas

Préparation et utilisation :
1 - Verser les épices dans le mi-bas. Faire un nœud
2 - Disposer les sachets au milieu du linge dans les armoires.

Galets imprégnés d'huiles essentielles

On a l'embarras du choix : clou de girofle, romarin, thym, lavande, citron, orange, laurier, cèdre de l'Atlas, eucalyptus, citronnelle.

Matériel et ingrédients :
- Quelques galets, pierres poreuses ou morceaux de bois
- Une dizaine de gouttes d'huile essentielle

Préparation et utilisation :
1 - Verser les huiles essentielles sur les galets.
2 - Disposer les galets au milieu du linge dans les armoires. Quand l'odeur s'est évaporée après quelques semaines, verser de nouveau les gouttes d'huile essentielle sur les galets.

Hémisphères d'orange aux clous de girofle

Le meilleur de deux mondes, en synergie. C'est beau, ça sent bon et c'est terriblement efficace.

Matériel et ingrédients pour deux hémisphères :
- 1 orange
- Une quinzaine de clous de girofle

Préparation et utilisation :
1 - Couper l'orange en deux. En extraire le jus, la pulpe et en faire un smoothie. Nettoyer l'intérieur de l'écorce pour la débarrasser des résidus de pulpe.
2 - Piquer les clous de girofle sur l'écorce de l'orange. Faire de jolis dessins.
3 - Disposer les hémisphères au milieu du linge dans les armoires.

Palet répulsif contre les mites au cèdre de l'atlas

Matériel et ingrédients :
- Deux casseroles pour faire un bain-marie
- Un bol
- Des mini-moules en silicone
- 50 g de cire d'abeille
- 100 g de bicarbonate de soude
- 1 c. à c. d'huile essentielle de cèdre de l'Atlas

Préparation et utilisation :
1 - Remplir la plus grande casserole d'eau. Faire frémir. Verser la cire d'abeille dans la petite casserole et la placer dans la grande. Laisser fondre la cire d'abeille.
2 - Pendant ce temps, verser le bicarbonate dans le bol. Ajouter l'huile essentielle de cèdre de l'Atlas. Mélanger.
3 - Quand la cire d'abeille est fondue, la retirer du feu. Y ajouter le mélange au bicarbonate de soude. Mélanger. Verser dans les mini-moules en silicone. Laisser refroidir complètement.
4 - Démouler. Disposer les palets au milieu du linge dans l'armoire.

Alternative : remplacer l'huile essentielle de cèdre de l'Atlas par, au choix, de l'huile essentielle de lavande, thym, romarin, menthe poivrée, clou de girofle, eucalyptus, citronnelle, orange, citron.

Les voilages

Blanchir des voilages

Ingrédients pour une charge de machine à laver :
- Un filet de lavage
- 1 verre de percarbonate de soude

Utilisation :
1 - Glisser les voilages dans le filet de lavage.
2 - Verser le percarbonate de soude dans le tambour. Faire tourner un cycle normal à la température la plus élevée des recommandations de lavage.
3 - Remettre les voilages en place pour les faire sécher et éviter les plis.

Laver les rideaux

La plupart des rideaux peuvent se laver en machine. Prendre toutefois la précaution de vérifier les recommandations de nettoyage sur l'étiquette.

Ingrédients pour une charge de machine à laver :
- 1 verre de bicarbonate de soude
- 1 verre de vinaigre blanc

Utilisation :
1 - Placer les rideaux dans la machine. Inutile de chercher à trop en mettre. Si le linge est trop serré, il se lavera mal. Verser le bicarbonate de soude dans le tambour et le vinaigre dans le compartiment prévu pour l'assouplissant. Faire tourner un cycle normal à basse température.
2 - Remettre les rideaux en place pour les faire sécher et éviter les plis.

Raviver les couleurs des rideaux

Les rideaux sont un peu ternis. Le tissu est délicat et ne passe pas en machine ? Pas de souci.

Ingrédients pour une paire de rideaux
- 1 l de vinaigre blanc

Utilisation :
1 - Remplir la baignoire d'eau froide. Ajouter le vinaigre. Y plonger les rideaux. Les submerger complètement pour s'assurer que tout le tissu est imbibé. Laisser agir une ou deux heures.
2 - Retirer les rideaux du bain et les rouler pour les essorer sans les tordre. Dérouler, glisser une grande serviette de toilette au cœur et rouler de nouveau. La serviette absorbe la majeure partie de l'eau.
3 - Remettre les rideaux en place pour les faire sécher et éviter les plis.

Dépoussiérer les stores vénitiens

Matériel et ingrédients :
- Une chaussette
- Un vaporisateur de vinaigre blanc

Utilisation :
1 - Vaporiser du vinaigre sur les stores.
2 - Enfiler la chaussette avec une main et la glisser sur chaque lamelle.

Dans mon
jardin...

Enfants

Je vous rassure, les enfants ne sont pas ici considérés comme une pièce de la maison. Nous n'aborderons pas non plus la toilette des enfants. Le sujet propose plutôt quelques réponses à des questions concernant l'univers des enfants, et notamment leurs objets.

Laver les jouets

D'abord, les bonnes nouvelles ! Les petits jouets en plastique, comme les Legos ou les jouets de bain, se lavent dans la machine à laver ou le lave-vaisselle.

Lavage à la machine à laver

1 - Emprisonner les jouets dans un filet ou dans une taie d'oreiller. Placer dans la machine avec un peu de linge sale pour équilibrer le tambour et atténuer le bruit.
2 - Ajouter un demi-verre de lessive et un verre de cristaux de soude. Lancer un cycle à 60 °C.

Lavage au lave-vaisselle

Les lavages au lave-vaisselle font intervenir des températures bien plus élevées que la machine à laver le linge. Trier les jouets. Certains possèdent même peut-être un picto indiquant qu'ils sont lavables au lave-vaisselle.

1 - Placer les jouets les plus fragiles en haut et les plus volumineux ou plus résistants en bas.
2 - Lancer un programme « normal ».

Nettoyage intégral à la main

Les petits jouets se lavent aisément dans une bassine ou dans l'évier. Pour les plus grands jouets, il reste l'option de la baignoire.

Matériel et ingrédients :
- Une bassine
- Une brosse (à ongles ou à dents)
- 1 c. à s. de liquide vaisselle
- 1 verre de vinaigre blanc

Utilisation :
1 - Remplir la bassine (ou l'évier) d'eau chaude. Ajouter le liquide vaisselle. Mélanger. Y plonger les jouets. Laisser tremper une heure s'ils sont très sales.
2 - Brosser avec une brosse à ongles ou une brosse à dents. Écarter l'eau savonneuse.
3 - Remplir la bassine d'eau et y ajouter le vinaigre. Y plonger les jouets. Égoutter. Essuyer.

Nettoyage express

Pour les petits jouets, il est parfois plus pratique de tout plonger dans une bassine pour un grand bain. Ce n'est cependant pas nécessaire toutes les semaines, heureusement !

Matériel et ingrédients :
- Une bassine
- Un chiffon
- 1 c. à s. de liquide vaisselle

Utilisation :
1 - Verser un litre d'eau chaude dans la bassine. Ajouter le liquide vaisselle. Mélanger.
2 - Tremper le chiffon dans l'eau savonneuse. Essorer. Astiquer les jouets. Sécher.

Nettoyage au vinaigre

Matériel et ingrédients :
- Un vaporisateur de vinaigre blanc
- Un chiffon

Utilisation :
1 - Vaporiser du vinaigre sur le chiffon. Astiquer les jouets. Sécher.

Laver les peluches

À LA MACHINE
De nombreuses peluches se lavent à la machine, en particulier, les peluches pour bébé. De toute évidence, il faut se conformer aux instructions de lavage du fabriquant.

1 - Glisser la peluche dans une taie d'oreiller et la placer dans le tambour.
2 - Ajouter un bouchon de shampooing pour la laine et lancer un programme « délicat » à basse température.
3 - Faire sécher à l'air libre, puis brosser pour redresser les poils de la peluche.

À LA MAIN
Il est déconseillé de plonger les peluches dans l'eau, car elles mettraient trop longtemps à sécher.

Matériel et ingrédients :
- Une bassine
- Un gant de toilette
- 1 bouchon de shampooing pour laine

Utilisation :
1 - Remplir la bassine d'eau. Ajouter le shampooing pour la laine. Mélanger.
2 - Tremper le gant de toilette dans la bassine. Essorer. Frotter la peluche avec le gant.
3 - Vider la bassine. La remplir d'eau. Y tremper le gant. Essorer. Rincer la peluche avec le gant.
4 - Laisser sécher ou sécher avec un sèche-cheveux.

Nettoyage à sec

Matériel et ingrédients :
- Un grand sac en plastique pouvant contenir la peluche
- 1 verre de bicarbonate de soude
- Une dizaine de gouttes d'huile essentielle de lavande

Utilisation :
1 - Glisser la peluche dans le grand sac plastique.
2 - Ajouter l'huile essentielle au bicarbonate. Mélanger. Saupoudrer la peluche avec le bicarbonate de soude. Fermer le sac hermétiquement. Secouer pour répartir le bicarbonate.
3 - Laisser agir une nuit. Le lendemain, sortir la peluche et la brosser pour éliminer le bicarbonate.

Les tâches ménagères auxquelles les enfants peuvent participer

Cuisine
Mettre la table et débarrasser
Trier les déchets
Essuyer les sets de table
Aider à remplir/vider le lave-vaisselle

Salle de bains
Remettre du papier toilette
Plier les serviettes
Essuyer la robinetterie après nettoyage

Buanderie
Trier le linge sale par couleur
Pendre le petit linge
Reconstituer les paires de chaussettes

Chambre
Faire le lit le matin
Aider à plier les draps
Ranger les vêtements dans l'armoire
Ranger les jouets

Salon et salle à manger
Dépoussiérer les plinthes
Nettoyer les interrupteurs et les poignées de porte
Arroser les plantes

Animaux
Les brosser
Donner eau et nourriture

Laver un maxi-cosi/landau

Nettoyage à sec

Pour un nettoyage superficiel, l'aspirateur, muni d'une tête plate, permet d'enlever les poussières et le plus gros des saletés. Le bicarbonate de soude apporte un coup de pouce. Ne pas hésiter à ajouter des huiles essentielles, comme la citronnelle pour ses propriétés anti-moustiques ou la rose pour son doux parfum, une dizaine de gouttes par verre de bicarbonate.

Matériel et ingrédients :
- Un aspirateur muni d'une tête plate fine.
- Une saupoudreuse de bicarbonate de soude.

Utilisation :
1 - Passer méticuleusement l'aspirateur en insistant sur les creux, les coutures et les interstices. Saupoudrer le maxi-cosi de bicarbonate. Brosser délicatement pour faire pénétrer le bicarbonate partout.
2 - Laisser agir une nuit. Aspirer.

À la machine

Si, si, la housse se démonte. Elle passe même en machine. Il n'y a qu'à suivre les instructions de lavage et à ne pas s'emmêler les pinceaux en remettant tout en place.

Détacher avec de la mousse de savon

Matériel et ingrédients :
• Un pichet d'au moins 2 l • Un robot plongeur • Un chiffon • 1 c. à s. de copeaux de savon de Marseille
• ¼ l d'eau bouillante

Utilisation :
1 - Verser l'eau bouillante et les copeaux de savon dans le pichet. Plonger le robot dans le pichet et mixer. Ça mousse !
2 - Prélever un peu de mousse avec un chiffon et frotter le maxi-cosi.
3 - Si la mousse retombe, mixer de nouveau.
4 - Laisser sécher

Enlever une tache d'urine

Si la tache est juste faite, commencer par le bicarbonate, la terre de Sommières ou un mélange des deux.

Matériel et ingrédients :
• Des chiffons • 1 verre de bicarbonate de soude ou de terre de Sommières
• Un peu d'eau savonneuse

Utilisation :
1 - Absorber la tache avec un chiffon.
2 - Verser le bicarbonate de soude sur la tache et frotter délicatement pour augmenter l'absorption. Laisser agir quelques heures. Aspirer
3 - Imbiber un chiffon d'eau savonneuse et frotter la tache pour enlever les traces de bicarbonate. Laisser sécher.

Si la tache est plus ancienne, il faudra la réhumidifier pour s'en débarrasser.
Matériel et ingrédients :
- Des chiffons
- Un vaporisateur de vinaigre blanc

Utilisation :
1 - Vaporiser le vinaigre sur la tache et frotter délicatement en mouvements circulaires.
2 - Laisser sécher.

Spécial parents d'artistes

Taches de gouache sur un mur ou un vêtement

La gouache est une peinture à l'eau. Elle s'enlève donc avec de l'eau. Comme toujours avec les taches, on commence par détacher et ensuite seulement, on passe à la machine.

1 - Enlever l'excès de peinture avec la lame d'un couteau à beurre.
2 - Tremper un chiffon dans de l'eau savonneuse froide. Tamponner la tache. La peinture se transfère partiellement sur le chiffon.
3 - Tremper un autre morceau du chiffon dans l'eau savonneuse froide et tamponner la tache. Continuer jusqu'à ce que la tache ait disparu.
4 - Si la tache est sur un vêtement, laver ensuite à la machine.
5 - Faire tremper le chiffon dans une bassine d'eau savonneuse froide.

Pour les autres peintures, c'est plus compliqué. Suivre la même méthode que pour la gouache mais avec de l'essence de térébenthine (convient pour les peintures acryliques) ou de l'huile de lin (convient pour la peinture à l'huile).

Traces de stylo et de crayon

La nature de la tache n'étant pas toujours connue, on commencera là encore par les traitements les plus doux.

Gomme d'écolier. S'assurer qu'elle est propre puis la frotter sur les traces. C'est une technique qui peut marcher sur les murs et les meubles. Beaucoup moins sur les tissus.

Eau gazeuse. Imbiber un chiffon d'eau gazeuse. Tamponner les traces.

Pierre d'argile. Humidifier une brosse à dents. La frotter sur la pierre d'argile. Brosser délicatement la trace. Rincer. Sécher avec un chiffon.

Dentifrice. Mettre un peu de dentifrice sur une brosse à dents. Frotter la trace. Rincer. Sécher.

Alcool ménager. Imbiber légèrement un chiffon d'alcool ménager. Tamponner la trace.

Citron. Imbiber un chiffon de jus de citron. Tamponner la trace.

Soude
en cristaux
concentrée
Kristal-
soda
geconcentreerd
500g

Salle DE SPORT

Ne me faites pas dire ce que je n'ai pas dit. Loin de moi l'idée de penser que chacun possède une salle de sport chez soi. Dans un appartement où on a déjà du mal à ranger une poussette, on voit mal comment aménager une salle de sport. En revanche, dans toutes les familles, il y a au moins un sportif. Et les affaires de sport posent des questions d'entretien pour lesquelles on n'a pas toujours de réponse.

Entretien des chaussures de sport

Entre la boue et la transpiration, les chaussures de sport en voient de belles. Quelques règles de bon sens pourraient prolonger leur vie et améliorer votre confort.

Faire sécher les chaussures après usage

Les bactéries se développent surtout dans les ambiances humides. Des chaussures bien sèches permettent de limiter leur prolifération.
Il faut absolument éviter les sources chaudes, comme le radiateur et le sèche-linge. Cela pourrait les abîmer, voire les déformer.
Pour faire sécher des chaussures très mouillées, tout ce qu'il vous faudra, c'est du papier journal.

1 - Retirer les lacets et les semelles de propreté.
2 - Froisser quelques feuilles de papier journal et les bourrer dans les chaussures. Retirer le papier journal après une heure ou deux et le remplacer par des nouvelles feuilles.
3 - Renouveler l'opération jusqu'à ce que les chaussures soient sèches.

Nettoyage à sec

Une fois vos chaussures sèches, il est facile de les brosser pour éliminer la terre et les salissures.

Matériel et ingrédients :
- Une brosse à chaussure ou une brosse à dents
- Un tournevis plat
- 1 c. à s. de bicarbonate de soude

Préparation et utilisation :
1 - Saupoudrer la chaussure d'un peu de bicarbonate de soude pour faciliter le nettoyage.
2 - Frotter avec une brosse à chaussure ou une brosse à dents.
3 - Les cailloux prisonniers dans la semelle peuvent être dégagés avec un tournevis plat.

Lutter contre les champignons, les bactéries et les odeurs

AVEC DE L'ACIDE BORIQUE
L'acide borique est un antifongique très efficace.

Ingrédient :
- 1 ou 2 c. à s. d'acide borique

Préparation et utilisation :
1 - Verser l'acide borique dans les chaussures. Faire tourner et secouer délicatement pour répartir la poudre.
2 - Laisser agir aussi longtemps que les chaussures ne sont pas portées, au minimum une nuit.
3 - Retourner la chaussure et secouer pour éliminer la poudre avant usage.

AVEC DU BICARBONATE DE SOUDE
Les bactéries sont responsables des odeurs. Pour contenir leur prolifération, saupoudrer l'intérieur des chaussures avec du bicarbonate de soude.

Ingrédients :
- 1 ou 2 c. à s. de bicarbonate de soude
- 2 à 3 gouttes d'huile essentielle d'arbre à thé

Préparation et utilisation :
1 - Mélanger le bicarbonate de soude et l'huile essentielle d'arbre à thé. Verser dans les chaussures. Faire tourner et secouer délicatement pour répartir la poudre.
2 - Laisser agir aussi longtemps que les chaussures ne sont pas portées, au minimum une nuit.
3 - Retourner la chaussure et secouer pour éliminer la poudre avant usage.

AVEC DU VINAIGRE
Vaporiser du vinaigre blanc additionné d'huile essentielle de lavande permet non seulement de lutter contre les bactéries mais aussi de laisser une bonne odeur de lavande.

Matériel et ingrédients :
- Un vaporisateur
- Un verre de vinaigre blanc
- 2 à 3 gouttes d'huile essentielle de lavande

Préparation et utilisation :
1 - Verser les ingrédients dans le vaporisateur. Agiter pour mélanger.
2 - Vaporiser à l'intérieur de la chaussure. Laisser sécher.

Laver à la main

AVEC DE L'EAU SAVONNEUSE
Matériel et ingrédients :
- Une bassine
- Une éponge
- 1 c. à s. de liquide vaisselle ou de savon noir liquide
- 1 l d'eau

Préparation et utilisation :
1 - Verser tous les ingrédients dans la bassine. Mélanger. Y tremper l'éponge, essorer.
2 - Frotter les chaussures. Insister sur les éventuelles taches avec une brosse à dents.
3 - Laisser sécher.

Enlever des taches

Matériel et ingrédients :
- Un vaporisateur de vinaigre blanc
- Une brosse à dents

Utilisation :
1 - Vaporiser du vinaigre.
2 - Frotter les taches avec une brosse à dents.

Le grand bain

Si les chaussures sont très sales, un grand bain s'impose.

Matériel et ingrédients :
- Une bassine
- Une brosse
- 1 c. à s. de liquide vaisselle ou de savon noir liquide

Utilisation :
1 - Remplir la bassine d'eau chaude. Ajouter le savon noir liquide. Mélanger.
2 - Retirer les lacets et les semelles de propreté. Plonger les chaussures dans l'eau savonneuse. Couvrir d'un objet lourd pour que les chaussures restent immergées (ou glisser une petite bouteille d'eau dans les chaussures pour les faire couler). Faire tremper une heure ou deux.
3 - Brosser. Rincer plusieurs fois.
4 - Faire sécher comme indiqué ci-dessus avec des feuilles de papier journal.

Laver à la machine

Certaines chaussures de sport se lavent à la machine, à condition de prendre quelques précautions.

1 - Retirer les lacets et les semelles de propreté. Tout mettre dans le tambour.
2 - Ajouter un verre de bicarbonate de soude (et pas de lessive). Lancer un programme délicat basse température.
3 - Faire sécher comme indiqué ci-dessus avec des feuilles de papier journal.

Nettoyer son tapis de yoga

Avec de l'eau vinaigrée

Matériel et ingrédients :
- Un vaporisateur
- Un chiffon
- 1 verre de vinaigre blanc
- 3 verres d'eau
- 10 gouttes d'huile essentielle d'arbre à thé
- 10 gouttes d'huile essentielle de lavande

Préparation et utilisation :
1 - Verser tous les ingrédients dans le vaporisateur.
2 - Vaporiser. Frotter avec un chiffon en microfibres.
3 - Laisser sécher à cheval sur un tancarville ou un fil à linge.

Avec de l'eau savonneuse

Matériel et ingrédients :
- Un vaporisateur
- Une éponge
- 1 c. à s. de liquide vaisselle ou de savon noir liquide
- 1 l d'eau

Préparation et utilisation :
1 - Verser tous les ingrédients dans le vaporisateur.
2 - Vaporiser. Frotter avec une éponge humide.
3 - Laisser sécher à cheval sur un tancarville ou un fil à linge.

Dans la baignoire

Matériel et ingrédients :
- Une éponge
- ½ verre de liquide vaisselle ou de savon noir liquide

Préparation et utilisation :
1 - Remplir la baignoire sur une profondeur d'une vingtaine de centimètres. Ajouter le liquide vaisselle.
2 - Immerger le tapis. Frotter avec une éponge.
3 - Vider la baignoire. Rincer le tapis.
4 - Étaler une grande serviette par terre. Poser le tapis dessus. Rouler l'ensemble pour essorer le tapis.
5 - Laisser sécher à cheval sur un tancarville ou un fil à linge.

À la machine

Si, si, certains tapis peuvent se laver à la machine. Suivre les instructions du fabricant. Choisir un programme délicat avec une température basse et un essorage faible. Laver le tapis seul.

Autre matériel de sport

Laver les gourdes

La plupart des gourdes se lavent au lave-vaisselle et les méthodes à la main ne manquent pas, on a donc l'embarras du choix. L'idéal, c'est d'avoir un goupillon pour bien frotter les bords et le fond. Si vous n'en avez pas, suivez le guide.

Avec du bicarbonate et du vinaigre

C'est une méthode en deux temps. Il est important de respecter l'ordre des étapes.

Matériel et ingrédients :
- Un vaporisateur de vinaigre blanc
- 1 à 2 c. à s. de bicarbonate de soude

Utilisation :
1 - Humidifier les parois de la gourde. Saupoudrer le bicarbonate de soude à l'intérieur de la gourde. La faire tourner sur elle-même pour couvrir toutes les parois de bicarbonate.
2 - Vaporiser le vinaigre. Ça mousse ! L'effervescence va décoller les saletés au fond de la gourde.
3 - Refermer la gourde et secouer vivement une ou deux fois. Ouvrir pour laisser le gaz s'échapper. Agiter de nouveau.
4 - Vider. Rincer.

Avec du gros sel

Ingrédients :
- 2 à 3 c. à s. de gros sel
- 1 verre de vinaigre blanc

Utilisation :
1 - Verser le gros sel puis le vinaigre dans la gourde.
2 - Fermer la gourde et secouer vivement.
3 - Vider. Rincer.

Avec des grains de riz

Ingrédients :
- 2 à 3 c. à s. de grains de riz (non cuits !)
- 1 verre d'eau savonneuse

Utilisation :
1 - Verser les grains de riz et l'eau savonneuse dans la gourde.
2 - Fermer et secouer vivement.
3 - Vider. Rincer.

Laver un sac de sport

La plupart des sacs de sport se lavent à la machine. Le vider complètement, retirer les parties amovibles. Le retourner. Le laver seul avec du bicarbonate de soude à basse température.

Débarrasser les maillots de bain de l'odeur de chlore

Faire tremper dans une bassine avec deux cuillerées à soupe de cristaux de soude ou laver en machine avec un demi-verre de cristaux de soude à basse température.

Vêtements et serviette de sport

S'il n'est pas possible de laver tout de suite les vêtements de sport, il faut les faire sécher pour éviter la prolifération des bactéries.
Dans la panière à linge sale, saupoudrer les vêtements sales et les serviettes de bicarbonate de soude en attendant le jour de lessive.
Laver avec une dose de lessive et un demi-verre de bicarbonate de soude dans le tambour. Ajouter un verre de vinaigre blanc dans le compartiment pour assouplissant.

Laver une doudoune

Le duvet de la doudoune est fragile et mobile. Un lavage en machine peut l'abîmer et créer des boules de duvet par endroits, alors que d'autres parties de la doudoune seront vidées de duvet. Pour s'assurer que le duvet reste uniformément réparti, il faudra utiliser des balles de lavages et des balles de séchage.

Nettoyer une partie de la doudoune (col, poignets, partie tachée)

Matériel et ingrédients :
- Une bassine
- Une serviette de toilette
- Un gant de toilette
- 1 c. à s. de savon noir liquide
- 2 l d'eau

Utilisation :
1 - Verser l'eau et le savon noir liquide dans la bassine. Mélanger.
2 - Étaler la doudoune sur la serviette de toilette. Tremper le gant de toilette dans l'eau savonneuse. Bien essorer le gant et frotter les zones de la doudoune à nettoyer.
3 - Rincer le gant et frotter de nouveau les zones nettoyées. Laisser sécher.

Laver entièrement la doudoune

Il est possible de laver sa doudoune à la machine. Il est toutefois important de consulter les instructions de nettoyage avant de se lancer. Une doudoune protège du froid grâce à son duvet. L'air qu'il emprisonne forme une barrière contre le froid. Plus le volume est important, meilleure est la protection. C'est pour ça qu'il est essentiel que le duvet conserve son volume. Or, lors du lavage en machine, des paquets de plumes peuvent se former, laissant d'autres parties de la doudoune sans duvet. Non seulement le résultat n'est pas esthétique mais surtout, la doudoune aura perdu de son effet protecteur contre le froid.

La clé pour un lavage en machine réussi, c'est donc de s'assurer que le duvet est constamment distribué de manière homogène. Les balles de lavages maison remplissent ce rôle.

Matériel et ingrédients :
- 3 balles de lavage (p. 143)
- Une grande serviette de toilette
- 3 balles de séchage (p. 146)
- ½ verre de shampooing pour la laine

Utilisation :
1 - Vider les poches de la doudoune. La placer dans le tambour avec les balles de lavage et le shampooing pour la laine.
2 - Lancer un programme délicat à basse température et essorage faible.
3 - Lancer un deuxième programme de rinçage suivi d'un essorage doux.
4 - Sortir la doudoune de la machine et la disposer bien à plat sur la serviette de toilette. Rouler délicatement l'ensemble pour retirer le maximum d'eau.
5 - Placer dans le sèche-linge avec les balles de séchage. Sécher à basse température, voire à froid. Le séchage durera plus de temps mais la doudoune sera protégée.

Miele

Salon et
ET SALLE À MANGER

Lieu de convivialité où les membres de la famille se croisent. Lieu public où l'on reçoit ses amis. C'est une pièce qui vous ressemble. Et comme vous, elle change. Aucune ne se ressemble. On y trouve tous les matériaux : du tissu, du bois, de la pierre. Pourtant, son entretien n'est pas si compliqué.

Parquets et sols en bois

Liquide nettoyant au savon noir pour bois brut, ciré, huilé ou vitrifié

Matériel et ingrédients :
- Une bouteille d'1 l et son bouchon
- Un entonnoir
- Une serpillière
- ½ l d'eau chaude
- 1 c. à s. de savon noir liquide
- ½ l de vinaigre blanc
- 1 c. à c. d'huile essentielle de citronnelle

Préparation et utilisation :
1 - Placer l'entonnoir dans le goulot de la bouteille. Verser l'eau chaude puis le savon noir. Agiter pour dissoudre le savon.
2 - Verser les autres ingrédients. Agiter.
3 - Verser un verre de ce liquide dans un seau d'eau. Plonger la serpillière dans le seau. Bien l'essorer pour ne pas imprégner le bois en profondeur. Passer la serpillière sur toute la surface à nettoyer.

Nettoyer un sol en bois brut ou en bambou

Matériel et ingrédients :
- Un seau
- Une serpillière en microfibres
- 1 verre de vinaigre blanc
- 1 c. à c. d'huile essentielle de pin sylvestre

Préparation et utilisation :
1 - Remplir le seau d'eau. Ajouter le vinaigre et l'huile essentielle de pin sylvestre.
2 - Plonger la serpillière dans le seau. Bien l'essorer pour ne pas imprégner le bois en profondeur. Passer la serpillière sur toute la surface à nettoyer.

Lotion nourrissante à l'huile d'olive

À utiliser avant d'huiler un parquet.
Matériel et ingrédients :
• Un bidon de 2 l et son bouchon
• Un entonnoir • 1,5 l d'eau chaude
• 1 c. à s. de savon noir liquide • 1 verre de vinaigre blanc • ½ verre d'huile d'olive

Préparation et utilisation :
1 - Placer l'entonnoir dans le goulot du bidon. Y verser l'eau chaude et le savon. Agiter pour dissoudre le savon.
2 - Ajouter les autres ingrédients. Secouer pour émulsionner.
3 - Utiliser pur et enduire le parquet.

Huile d'entretien des parquets huilés et cirés

La cire d'abeille est un produit naturel. Elle donne, dans un premier temps, un toucher un peu collant. Il s'estompe quand on le brique, soit avec un chiffon, soit tout simplement en marchant en chaussettes et en faisant des glissades.

Matériel et ingrédients :
• Un bain-marie • Un entonnoir
• Un bidon d'1 l et son bouchon
• Une serpillière en microfibres
• 100 g de cire d'abeille • 200 ml d'huile de lin • 200 ml d'huile d'olive
• 400 ml de térébenthine

Préparation et utilisation :
1 - Faire fondre la cire d'abeille au bain-marie.
2 - Ajouter les autres ingrédients. Mélanger.
3 - Verser dans le bidon à l'aide de l'entonnoir.
4 - Agiter avant emploi pour émulsionner. Appliquer pur avec une serpillière en microfibres.

Carrelage

Il y a carrelage et carrelage. Le même terme désigne à la fois des carreaux en terre cuite, faïence, grès, ciment, marbre ou vinyle. Presque tous ces matériaux sont poreux. Ainsi, le carrelage est le plus souvent recouvert d'une couche protectrice émaillée, ce qui le rend facile d'entretien. Ça ne veut pas dire qu'il faut faire n'importe quoi avec son carrelage, au risque de l'abîmer irréversiblement.

Laver les sols carrelés avec de la vapeur d'eau

Le nettoyeur vapeur et le balai vapeur font appel aux propriétés nettoyantes et bactéricides de la vapeur d'eau pour laver en profondeur et sans détergent. Ils conviennent, l'un comme l'autre, à l'entretien des sols carrelés.

Liquide nettoyant multi-usage au savon noir liquide

Les recettes les plus simples sont souvent les meilleures. Rien de tel qu'un peu de savon noir liquide pour nettoyer les carrelages.

Matériel et ingrédients pour 1 litre :
- Une bouteille d'1 l et son bouchon
- 800 ml d'eau chaude
- 3 c. à s. de savon noir liquide
- 20 à 30 gouttes d'huile essentielle d'eucalyptus

Préparation et utilisation :
1 - Verser l'eau chaude dans la bouteille. Ajouter le savon. Secouer pour mélanger.
2 - Ajouter l'huile essentielle.
3 - Utiliser sur toutes les surfaces à nettoyer en diluant un bouchon dans un litre d'eau chaude.

Nettoyer un carrelage collant

Un carrelage collant indique souvent la présence de résidus savonneux d'un précédent lavage. L'acidité du citron ou du vinaigre est suffisamment douce pour ne pas abîmer les carreaux et suffisamment forte pour éliminer les traces savonneuses.

Matériel et ingrédients :
- Un seau
- Une serpillière en microfibres
- 1 verre de vinaigre blanc ou le jus d'un citron
- 1 c. à c. d'huile essentielle de citron

Préparation et utilisation :
1 - Remplir le seau d'eau. Ajouter le vinaigre et l'huile essentielle de citron.
2 - Plonger la serpillière dans le seau. Frotter toute la surface à nettoyer. Rincer.

Enlever la crasse avec de l'amidon de blé

De la cuisson du son de blé résulte une eau riche en tensioactifs, capables de dissoudre la saleté.

Matériel et ingrédients :
• Un faitout de 5 litres • Un chinois
• Un seau • Une serpillière en microfibres
• 500 g de son de blé • 3 l d'eau

Préparation et utilisation :
1 - Verser le son et l'eau dans la casserole. Porter à ébullition. Laisser mijoter à petit bouillon pendant une vingtaine de minutes.
2 - Laisser revenir à température ambiante. Placer le chinois au-dessus du seau. Filtrer.
3 - Tremper la serpillière dans le seau. Frotter toute la surface à nettoyer. Laisser agir une dizaine de minutes. Rincer.

Détacher un carrelage en grès ou des tomettes

Matériel et ingrédients :
• Un bol • Une éponge ou un chiffon
• 3 c. à s. de bicarbonate de soude
• 3 c. à s. d'eau

Préparation et utilisation :
1 - Mélanger le bicarbonate et l'eau dans le bol pour former une pâte.
2 - Prélever une petite quantité de cette pâte avec le chiffon. Frotter la tache. Rincer.

Enlever des taches de gras

Matériel et ingrédients :
• Une brosse
• Terre de Sommières

Utilisation :
1 - Saupoudrer généreusement la terre de Sommières sur la tache. Brosser légèrement pour que la terre absorbe le gras en profondeur. Laisser agir une heure ou deux.
2 - Balayer la terre. Rincer.

Redonner du brillant à du grès ou de la tomette abîmés

L'application d'huile de lin devrait redonner leur éclat à des carreaux ternis par l'usure ou l'utilisation de détergents acides.

Matériel et ingrédients :
• Un chiffon en microfibres
• Huile de lin

Utilisation :
1 - Badigeonner les carreaux ternis avec l'huile de lin. Laisser l'huile imprégner les carreaux quelques heures. S'ils restent gras au toucher, éponger l'excès avec un chiffon.

Moquette et tapis

Laver les moquettes et les tapis avec de la vapeur d'eau

Le nettoyeur vapeur permet d'une part de désincruster les saletés et d'autre part d'enlever les taches sur les moquettes et les tapis.

Utilisation :
1 - Commencer par les taches. Installer la buse haute pression et orienter le jet à l'horizontal sur la tache. Éponger l'excès d'eau avec un chiffon.
2 - Équiper le nettoyeur vapeur de la grande brosse. Peigner lentement et délicatement toute la surface de la moquette, sans frotter, pour que la vapeur pénètre au cœur des poils et désincruste la saleté. Procéder par bandes parallèles : pour chaque bande, passer une première fois en déplaçant la brosse vers l'avant et une deuxième fois vers l'arrière.
3 - Couvrir la brosse d'un chiffon et la passer sur toute la surface pour recueillir la saleté remontée à la surface.

Enlever les taches sur un tapis ou une moquette

Matériel et ingrédients :
• Un vaporisateur d'1 l • 1 l de vinaigre blanc • 20 gouttes d'huile essentielle d'eucalyptus • 10 gouttes d'huile essentielle d'arbre à thé • Bicarbonate de soude

Préparation et utilisation :
1 - Verser le vinaigre et les huiles essentielles dans le vaporisateur. Secouer pour mélanger.
2 - Vaporiser abondamment sur toutes les taches. Masser ou brosser. Laisser agir une vingtaine de minutes.
3 - Saupoudrer de bicarbonate de soude. Le bicarbonate réagit avec le vinaigre et libère un petit dégagement gazeux de CO_2. L'effervescence qui en résulte désincruste les taches.
4 - Laisser sécher puis aspirer.
5 - Pour les taches rebelles, renouveler les étapes 2 et 3 puis frotter avec une brosse avant l'étape 4.

Détacher avec de la mousse de savon

Pour ne pas détremper la moquette qui mettrait trop longtemps à sécher, penser à la mousse de savon.

Matériel et ingrédients :
• Un pichet d'au moins 2 l • Un robot plongeur • Un chiffon • 1 c. à s. de copeaux de savon de Marseille • ½ l d'eau bouillante

Préparation et utilisation :
1 - Verser l'eau bouillante et les copeaux de savon dans le pichet. Plonger le robot dans le pichet et mixer. Ça mousse !
2 - Prélever un peu de mousse avec un chiffon et frotter la moquette.
3 - Si la mousse retombe, mixer de nouveau.
4 - Laisser sécher

Enlever une tache de gras

Matériel et ingrédients :
• Un vaporisateur de vinaigre blanc
• Un chiffon • 1 verre de terre de Sommières

Préparation et utilisation :
1 - Saupoudrer la tache avec de la terre de Sommières. La terre de Sommières absorbe le gras. Laisser agir quelques heures.
2 - Aspirer.
3 - Vaporiser du vinaigre, masser avec un chiffon. Laisser sécher.

Nettoyage complet du tapis ou de la moquette avec du vinaigre

Matériel et ingrédients :
- Un vaporisateur d'1 l
- ½ l de vinaigre blanc
- ½ l d'eau
- 20 gouttes d'huile essentielle de géranium
- 10 gouttes d'huile essentielle de lavande

Préparation et utilisation :
1 - Verser tous les ingrédients dans le vaporisateur. Secouer pour mélanger.
2 - Vaporiser partout. Le vinaigre désincruste la saleté.
3 - Brosser avec un balai-brosse. Aspirer.

Nettoyage de la moquette avec du sel et du citron

Matériel et ingrédients :
- Un vaporisateur d'1 l
- ½ l d'eau
- Le jus d'un citron
- 3 c. à s. de sel
- 10 gouttes d'huile essentielle de citron

Préparation et utilisation :
1 - Verser tous les ingrédients dans le vaporisateur. Secouer pour mélanger.
2 - Vaporiser partout. Brosser avec un balai-brosse. Laisser agir une nuit.
3 - Aspirer.

Béton ciré

Comme son nom l'indique, le béton ciré est du béton… ciré. La cire agit comme une couche protectrice qui rend le béton moins poreux, plus lisse et plus doux au toucher. La cire de finition uniformise la surface et bouche les cavités du béton. Il faut absolument éviter d'utiliser les produits « nettoie ciment » du commerce, l'eau de Javel, les produits acides et/ou abrasifs. On fragiliserait alors la couche de protection et rendrait le béton ciré vulnérable à l'usure et aux taches.

Entretien au quotidien avec de l'eau

Le béton ciré se nettoie simplement avec une serpillière en microfibres légèrement humide. Le béton ciré n'aime pas les excès d'eau. On évitera de le laver à grande eau, cela risquerait de l'endommager.

Laver un sol en béton ciré très sale

Matériel et ingrédients :
- Un seau
- Une serpillière en microfibres
- 1 c. à s. de savon noir liquide

Utilisation :
1 - Remplir le seau d'eau chaude. Ajouter le savon noir liquide.
2 - Y tremper la serpillière et bien l'essorer. Laver les sols.

Lino

Le linoléum fait tout de suite penser à un revêtement banal et quelconque. Pourtant, il est sain, antibactérien et facile d'entretien. Préparé principalement avec des matériaux d'origine végétale, le lino est naturellement hypoallergénique.

Entretien au quotidien avec de l'eau

Le linoléum se nettoie au quotidien avec une serpillière en microfibres légèrement humide. C'est tout. On évitera de laver le lino à grande eau, cela risquerait de l'endommager.

Petit coup de pouce pour un lino lumineux

Matériel et ingrédients :
- Un vaporisateur
- 350 ml d'eau
- 150 ml d'alcool ménager
- 10 gouttes d'huile essentielle d'eucalyptus

Préparation et utilisation :
1 - Verser tous les ingrédients dans le vaporisateur. Fermer puis agiter pour mélanger.
2 - Vaporiser en brume à hauteur d'homme. Laisser sécher.

Laver un lino très sale

Avec du liquide vaisselle ou des cristaux de soude.

Matériel et ingrédients :
- Un seau
- Une serpillière en microfibres
- 2 ou 3 c. à s. de liquide vaisselle dégraissant (p. 68) ou 1 verre de cristaux de soude

Utilisation :
1 - Remplir le seau d'eau chaude. Ajouter le liquide vaisselle (ou les cristaux de soude).
2 - Y tremper la serpillière et bien l'essorer. Laver les sols.

Traiter un lino collant

Les résidus de détergents du commerce utilisés en concentration trop grande peuvent rendre le lino collant.

Matériel et ingrédients :
- Un seau • Une serpillière en microfibres
- 1 verre de vinaigre blanc

Utilisation :
1 - Remplir le seau d'eau chaude. Ajouter le vinaigre.
2 - Y tremper la serpillière et bien l'essorer. Laver les sols.

Effacer l'usure du linoléum

Matériel et ingrédients :
- Un chiffon en microfibres • Huile de lin

Utilisation :
1 - Imbiber légèrement le chiffon avec l'huile.
2 - Frotter les zones abîmées en mouvements circulaires.

Détacher un lino

Matériel et ingrédients :
- Un bol • Un chiffon • Une serpillière
- 1 ou 2 c. à s. de bicarbonate de soude
- 1 ou 2 c. à s. de terre de Sommières

Utilisation :
1 - Mélanger le bicarbonate de soude et la terre de Sommière dans le bol.
2 - Prélever un peu de ce mélange avec le chiffon. Frotter la tache en mouvements circulaires. Laisser agir une vingtaine de minutes. Balayer.
3 - Rincer avec une serpillière légèrement humide.

Meubles

Entretien du canapé en tissu

Avec un nettoyeur vapeur

1 - Passer l'aspirateur pour enlever toutes les poussières.
2 - Protéger les parties qui risqueraient d'être abîmées par la vapeur, comme les accoudoirs en bois. Le film étirable de la cuisine ou le papier adhésif de peintre sont de bons candidats pour cet usage.
3 - Faire un essai sur le dos du canapé pour s'assurer que le tissu est compatible avec le nettoyage vapeur.
4 - Passer la brosse sur tout le canapé d'un geste régulier et toujours dans la même direction.
5 - Laisser sécher au moins 24 heures.

Avec du bicarbonate

Tous les meubles recouverts de tissu ont besoin d'un dépoussiérage régulier. L'aspirateur muni d'une tête plate permet d'enlever les poussières et le plus gros des saletés. Pour un nettoyage plus profond, le bicarbonate de soude, encore lui, apporte le coup de pouce nécessaire. Ne pas hésiter à ajouter des huiles essentielles, comme l'arbre à thé pour ses propriétés antiseptiques ou la rose pour son doux parfum, une dizaine de gouttes par verre de bicarbonate.

Matériel et ingrédients :
- Une brosse
- Une saupoudreuse de bicarbonate

Utilisation :
1 - Saupoudrer le meuble de bicarbonate. Brosser délicatement pour faire pénétrer le bicarbonate dans les coutures et les recoins.
2 - Laisser agir une nuit. Aspirer.

Enlever une tache d'urine

Si la tache est juste faite, commencez par le bicarbonate, la terre de Sommières ou un mélange des deux.

Matériel et ingrédients :
- Des chiffons
- Un peu d'eau savonneuse
- 1 verre de bicarbonate de soude ou de terre de Sommières

Utilisation :
1 - Absorber la tache avec un chiffon.
2 - Verser le bicarbonate de soude sur la tache et frotter délicatement pour augmenter l'absorption. Laisser agir quelques heures. Aspirer
3 - Imbiber un chiffon d'eau savonneuse et frotter la tache pour enlever les traces de bicarbonate. Laisser sécher.

Si la tache est plus ancienne, il faudra la réhumidifier pour s'en débarrasser.

Matériel et ingrédients :
- Des chiffons
- Un vaporisateur de vinaigre blanc

Utilisation :
1 - Vaporiser le vinaigre sur la tache et frotter délicatement en mouvements ci

Détacher avec de la mousse de savon

Pour éviter de détremper les coussins en lavant les tissus avec de l'eau savonneuse, il y a la mousse de savon. En plus, c'est super-drôle à faire.

Matériel et ingrédients :
- Un pichet d'au moins 2 l
- Un robot plongeur
- Un chiffon
- 1 c. à s. de copeaux de savon de Marseille
- ½ l d'eau bouillante

Préparation et utilisation :
1 - Verser l'eau bouillante et les copeaux de savon dans le pichet. Plonger le robot dans le pichet et mixer. Ça mousse !
2 - Prélever un peu de mousse avec un chiffon et frotter le canapé.
3 - Si la mousse retombe, mixer de nouveau.
4 - Laisser sécher

Détacher un tissu d'ameublement

Comme pour détacher le linge, les techniques diffèrent en fonction de la nature des taches. Il faudra essayer successivement :

1 - Saupoudrer de terre de Sommières. Frotter délicatement pour augmenter l'absorption. Laisser agir quelques heures. Aspirer. Imbiber un chiffon d'eau savonneuse et frotter la tache pour enlever les traces de terre de Sommières. Laisser sécher.
S'il s'agit d'une tache de gras, c'est le meilleur moyen d'en venir à bout et s'il s'agit d'autre chose, ça ne peut pas faire de mal.
ou

2 - Vaporiser une solution saturée de bicarbonate de soude et frotter délicatement en mouvements circulaires.
ou

3 - Vaporiser du vinaigre blanc et frotter délicatement en mouvements circulaires.
ou

4 - Préparer une solution savonneuse avec une cuillerée à café de savon noir liquide dans un verre d'eau. Imbiber un chiffon de cette solution et frotter délicatement en mouvements circulaires.
ou

Si toutes ces méthodes ont échoué, il reste des produits plus costauds. Attention, ils peuvent endommager le tissu. Il est recommandé de toujours faire un essai sur une partie qui ne se voit pas (revers d'un coussin, arrière d'un canapé).

5 - Vaporiser une solution saturée de cristaux de soude et frotter délicatement en mouvements circulaires.
ou

6 - Préparer une solution de percarbonate de soude dans de l'eau très chaude. Vaporiser cette solution et frotter délicatement en mouvements circulaires.
ou

7 - Imbiber un chiffon d'eau oxygénée et frotter délicatement en mouvements circulaires.

Raviver un marbre

Il faut éviter les acides comme le vinaigre et le citron.

Avec une pierre d'argile

Matériel et ingrédients :
- Une éponge
- Une pierre d'argile (p. 200)

Utilisation :
1 - Humidifier l'éponge. La frotter sur la pierre d'argile.
2 - Astiquer le marbre. Rincer. Essuyer.

Avec de l'alcool

J'adore mon spray alcoolique aux écorces d'agrumes. Non seulement il est terriblement efficace, mais en plus il sent merveilleusement bon.

Matériel et ingrédients :
- Un chiffon
- Spray alcoolique aux écorces d'agrumes (p. 28)

Utilisation :
1 - Vaporiser sur toute la surface à nettoyer.
2 - Astiquer.

Meubles bois

Soin pour le bois à l'huile d'olive

Ingrédients :
- Le jus d'un citron • 1 verre d'huile d'olive

Utilisation :
1 - Verser les ingrédients dans une bouteille. Agiter pour émulsionner.
2 - Imprégner légèrement un chiffon en microfibres avec le mélange. Briquer les meubles.

Cire réparatrice à la cire d'abeille

Matériel et ingrédients :
- Un bain-marie • Un pot en verre d'environ 200 ml et son couvercle
- 50 g de cire d'abeille • 100 ml d'huile de lin • 2 c. à s de savon noir • 20 gouttes d'huile essentielle de cèdre de l'Atlas

Préparation et utilisation :
1 - Faire fondre la cire d'abeille au bain-marie.
2 - Ajouter les autres ingrédients. Mélanger. Verser dans le pot. Laisser refroidir.
3 - Prélever un peu de cire avec un chiffon doux. Briquer les meubles.
4 - Laisser pénétrer une nuit. Lustrer.

Astuce : la cire d'abeilles se fige vite et à une température encore élevée. Pour nettoyer le matériel utilisé pour la préparation, verser d'abord de l'eau bouillante.

Vitres

Spray nettoyant vitres

Le vinaigre se montre intraitable avec les traces de pattes de mouche. L'huile essentielle de géranium repousse les moustiques et apporte une touche florale.

Matériel et ingrédients pour 1 litre :
- Un vaporisateur d'1 l
- Un entonnoir
- 300 ml de vinaigre blanc
- 600 ml d'eau
- 20 gouttes d'huile essentielle de géranium

Préparation et utilisation :
1 - Placer l'entonnoir dans le goulot du vaporisateur. Verser tous les ingrédients dans le vaporisateur. Agiter.
2 - Vaporiser sur les surfaces vitrées. Frotter avec un chiffon en microfibres.
3 - Sécher avec le chiffon ou du papier journal.

Spray nettoyant pour surfaces vitrées à l'alcool

L'alcool sèche plus vite et évite ainsi la formation de traces.

Matériel et ingrédients pour 1 litre :
- Un vaporisateur d'1 l
- Un entonnoir
- 500 ml d'eau
- 100 ml de vinaigre blanc
- 100 ml de spray alcoolique aux écorces d'agrumes

Préparation et utilisation :
1 - Placer l'entonnoir dans le goulot du vaporisateur. Verser tous les ingrédients. Agiter.
2 - Vaporiser sur les surfaces vitrées. Frotter avec un chiffon en microfibres.
3 - Sécher avec le chiffon ou du papier.

Laver la vitre d'un poêle

La cendre dans le poêle n'est pas qu'un déchet. Riche en potasse, c'est un détergent efficace. Ses particules fines apportent en plus des propriétés émollientes.

Matériel et ingrédients :
- Papier journal
- Un chiffon
- Un bol d'eau
- Cendres
- Un vaporisateur de vinaigre blanc

Utilisation :
1 - Rouler le papier journal en une boule serrée. Tremper cette boule sur un centimètre dans l'eau puis dans la cendre blanche du poêle pour en faire une brosse.

2 - Frotter la vitre du poêle avec la cendre collée sur la boule de papier. Les traces noires disparaissent et sont transférées sur le papier journal.
3 - Faire tourner la boule, la tremper de nouveau dans l'eau puis dans la cendre sur une autre portion et continuer à frotter jusqu'à avoir supprimé toutes les marques noires.
4 - Si la cendre laisse des traces sur la vitre, vaporiser un peu de vinaigre. Essuyer avec le chiffon.

Laver un vase

Difficile d'accéder au fond d'un vase au col étroit. Un goupillon est souvent utile mais pas toujours suffisant.

Avec du gros sel ou du sable

Matériel et ingrédients :
- 2 à 3 c. à s. de gros sel ou de sable
- 1 verre de vinaigre blanc

Utilisation :
1 - Verser le gros sel puis le vinaigre dans le vase.
2 - Obturer avec une main et secouer vivement.
3 - Vider. Rincer.

Avec des grains de riz

Matériel et ingrédients :
- 2 à 3 c. à s. de grains de riz (non cuits !)
- 1 verre d'eau savonneuse

Utilisation :
1 - Verser les grains de riz et l'eau savonneuse dans le vase.
2 - Obturer avec une main et secouer vivement.
3 - Vider. Rincer.

Avec du bicarbonate et du vinaigre

Oui, je vous vois venir, vous allez dire : encore le bicarbonate et le vinaigre ! Oui, on ne change pas une équipe qui gagne. Et c'est tant mieux.

Matériel et ingrédients :
- Un vaporisateur de vinaigre blanc
- 2 à 3 c. à s. de bicarbonate de soude

Utilisation :
1 - Humidifier les parois du vase. Saupoudrer le bicarbonate de soude dans le vase. Faire tourner le vase sur lui-même pour couvrir toutes les parois de bicarbonate.
2 - Vaporiser le vinaigre. Ça mousse ! L'effervescence va décoller les saletés au fond du vase.
3 - Obturer avec une main et secouer vivement une ou deux fois. Retirer la main pour laisser le gaz s'échapper. Agiter de nouveau.
4 - Vider. Rincer.

Parfumer la maison

Avec du bicarbonate

Le bicarbonate de soude est un excellent support pour accueillir des huiles essentielles. On peut le verser dans des récipients variés. J'aime bien le colorer avec du curcuma, le décorer de perles ou le disposer en couches superposées avec des argiles de couleur.

Matériel et ingrédients :
- Un récipient (une coupelle ou un joli pot en verre)
- Bicarbonate de soude
- Huile essentielle au choix : rose, agrumes, cèdre, lavande

Préparation et utilisation :
1 - Verser trois à quatre cuillerées à soupe de bicarbonate et une dizaine de gouttes d'huile essentielle dans la coupelle.
2 - Disposer plusieurs coupelles dans la pièce pour plus d'efficacité. Quand l'odeur s'estompe, rajouter quelques gouttes d'huile essentielle.

Alternative : verser les huiles essentielles sur des galets poreux

Avec de la glycérine

Matériel et ingrédients :
- Une jolie bouteille de 250 ml
- 3 fines baguettes en bois (mini-brochettes)
- 100 ml de glycérine
- 100 ml d'alcool à 70°
- Une vingtaine de gouttes d'huile essentielle au choix : rose, agrumes, cèdre, lavande

Préparation et utilisation :
1 - Verser la glycérine, l'alcool et les gouttes d'huile essentielle dans la bouteille. Mélanger.
2 - Enfiler les baguettes dans le goulot de la bouteille pour former des mèches de diffusion.
3 - Disposer plusieurs bouteilles dans la pièce pour plus d'efficacité.

ASSAINIR L'AIR
Je pourrais vous répéter que l'air intérieur est cinq à dix fois plus pollué que l'air extérieur, que nous passons les trois quarts de notre temps à l'intérieur et que les plantes participent à la purification de l'air par le phénomène appelé bio-épuration. Mais je préfère vous dire que les plantes sont apaisantes et agréables à regarder. Placer des plantes dans son salon, c'est bon pour les poumons, les yeux et le moral.

Pommes d'ambre

Les pommes d'ambre ont un côté suranné charmant et attachant. Leur nom à lui seul inspire la féerie. Elles sont décoratives, ludiques à réaliser, bon marché et sentent merveilleusement bon. Mais qu'est-ce qu'on attend ?

Matériel et ingrédients :
- Une punaise épingle
- Un ruban d'environ 1 m (ou ficelle, raphia)
- 1 orange
- Une trentaine de clous de girofle

Préparation et utilisation :
1 - Saisir l'orange dans une main. Imaginer un ou plusieurs motifs : lune, fleur, étoile, couronne. Piquer l'orange avec la punaise pour dessiner ce ou ces motifs en des trous espacés d'environ un demi-centimètre.
2 - Enfoncer les pointes des clous de girofle dans les trous percés par la punaise. L'idée est de traverser toute l'épaisseur de l'écorce pour que le jus s'évapore, diffuse les odeurs et empêche le pourrissement.
3 - Entourer l'orange avec le ruban en croisillons et la suspendre dans le salon. Admirer, respirer, se relaxer.

Pot-pourri

Matériel et ingrédients :
- Un petit panier ou un saladier
- Quelques poignées de fleurs séchées : rose, lavande
- ou quelques poignées d'herbes aromatiques : menthe, mélisse, thym, romarin
- ou quelques poignées de feuilles ou écorces : eucalyptus, cèdre, orange, citron

Préparation et utilisation :
1 - Composer le mélange odorant, le verser dans le panier.
2 - Disposer plusieurs paniers dans la pièce pour plus d'efficacité.

Jardin

Utiliser des produits toxiques au jardin, c'est la garantie de les retrouver dans les fleurs, pire, dans les légumes du potager. Les meubles de jardin et le barbecue sont exposés aux intempéries et souffrent. Pour les remettre à neuf, il suffit de quelques produits simples, mais il faudra aussi un peu d'huile de coude.

Barbecue

Enlever la rouille avec une pomme de terre

Non, ce n'est pas une blague. L'acide oxalique de la pomme de terre associé aux propriétés abrasives du bicarbonate de soude va éliminer la rouille.

Matériel et ingrédients :
- Une assiette creuse
- 1 verre de bicarbonate de soude
- 1 pomme de terre crue

Utilisation :
1 - Verser le bicarbonate dans l'assiette. Couper la pomme de terre en deux. Tremper la face coupée de la pomme de terre dans le bicarbonate.
2 - Frotter la partie rouillée.
3 - Si la pomme de terre devient visqueuse, trancher l'extrémité. Imprégner de nouveau la face coupée de la pomme de terre dans le bicarbonate et continuer à frotter les zones rouillées.
4 - Rincer. Essuyer.

Enlever la rouille avec du vinaigre

Matériel et ingrédients :
- Deux bassines
- Une éponge
- Une feuille de papier d'aluminium
- 1 l de vinaigre blanc
- 1 verre de gros de sel
- 2 c. à s. de cristaux de soude

Utilisation :
1 - Verser le vinaigre et le sel dans la bassine. Mélanger. Y tremper l'éponge. Imprégner toutes les parties rouillées. Laisser agir une heure ou deux.
2 - Rouler la feuille de papier d'aluminium en boule et frotter pour détacher la rouille.
3 - Remplir la deuxième bassine d'eau. Ajouter les cristaux de soude. Mélanger pour les dissoudre.
4 - Tremper l'éponge dans le bain de cristaux de soude. Tamponner toutes les parties traitées pour neutraliser l'acidité du vinaigre. Rincer à l'eau claire. Essuyer.

Décaper un barbecue avec du gros sel

Matériel et ingrédients :
- Une brosse
- Un bol
- 1 verre de gros sel
- 1 verre de vinaigre blanc

Préparation et utilisation :
1 - Verser le gros sel et le vinaigre dans le bol. Mélanger pour obtenir une pâte.
2 - Prélever un peu de cette pâte avec une brosse. Frotter le barbecue. Laisser agir une vingtaine de minutes.
3 - Brosser. Rincer

Décrasser un barbecue avec des cristaux de soude

Matériel et ingrédients :
- Une feuille de papier d'aluminium
- Un bol
- 1 verre de cristaux de soude
- 1 verre de savon noir liquide

Préparation et utilisation :
1 - Mélanger les cristaux de soude et le savon noir liquide dans le bol pour former une pâte.
2 - Rouler la feuille de papier d'aluminium en boule. Prélever un peu de pâte et frotter le barbecue avec la boule de papier d'aluminium.
3 - Laisser agir une trentaine de minutes. Les cristaux de soude dissolvent les graisses. Brosser de nouveau. Rincer.

Laver un barbecue avec du bicarbonate de soude

Matériel et ingrédients :
- Une feuille de papier d'aluminium
- Un bol
- 2 verres de bicarbonate de soude
- 1 verre d'eau

Préparation et utilisation :
1 - Mélanger le bicarbonate de soude et l'eau dans le bol pour former une pâte.
2 - Rouler la feuille de papier d'aluminium en boule. Prélever un peu de pâte et frotter le barbecue avec la boule de papier d'aluminium.
3 - Laisser agir une trentaine de minutes. Brosser de nouveau. Rincer.

Meubles de jardin

Décaper les meubles en bois

Pour redonner une deuxième jeunesse à des meubles en bois oubliés.

Matériel et ingrédients :
- Un seau
- Une brosse
- Un pinceau
- 2 verres de cristaux de soude
- 10 verres d'eau
- Huile de lin

Préparation et utilisation :
1 - Verser les cristaux de soude et l'eau dans un seau. Mélanger. Appliquer avec une brosse.
2 - Laisser agir. Brosser pour décaper les taches, les moisissures ou les mousses. Laisser sécher.
3 - Tremper le pinceau dans de l'huile de lin. Badigeonner les meubles avec l'huile pour nourrir et protéger le bois.

Nettoyer les meubles en plastique

AVEC UNE PIERRE D'ARGILE
Matériel et ingrédients :
- Une éponge
- Un chiffon
- Une pierre d'argile

Utilisation :
1 - Imbiber l'éponge avec de l'eau, la frotter sur la pierre d'argile. Astiquer les meubles. Insister sur les taches.
2 - Rincer. Sécher.

AVEC DU VINAIGRE
Matériel et ingrédients :
- Un chiffon
- Un vaporisateur de vinaigre blanc

Utilisation :
1 - Vaporiser du vinaigre sur les meubles. Frotter avec un chiffon.

Nettoyer les meubles en bois clair

Matériel et ingrédients :
- Un seau
- Une brosse
- 1 verre de percarbonate de soude
- 1 l d'eau bouillante

Préparation et utilisation :
1 - Verser le percarbonate de soude et l'eau dans un seau. Mélanger. Appliquer avec une brosse. Attention, c'est chaud !
2 - Laisser agir. Brosser pour enlever les taches.
3 - Rincer. Laisser sécher.

Blanchir des meubles blancs

Matériel et ingrédients :
- Un chiffon
- Eau oxygénée

Utilisation :
1 - Imbiber le chiffon avec l'eau oxygénée. Frotter les meubles.

Dalles en pierre

Enlever les mousses sur des dalles en pierre

AVEC L'EAU DE CUISSON DES POMMES DE TERRE

Matériel et ingrédients :

- Un lave-pont
- Eau de cuisson des pommes de terre

Utilisation :

1 - Asperger les dalles avec l'eau de cuisson des pommes de terre. Brosser avec le lave-pont.
2 - Laisser agir 30 à 40 minutes. Rincer

AVEC DU BICARBONATE DE SOUDE

Matériel et ingrédients :

- Un lave-pont
- Un seau
- 3 verres de bicarbonate de soude
- 3 l d'eau

Utilisation :

1 - Verser le bicarbonate de soude et l'eau dans un seau. Mélanger. Asperger les dalles avec le contenu du seau.
2 - Brosser pour enlever les taches.
3 - Rincer. Laisser sécher.

ÉCARTER LES INSECTES

J'adore regarder les fourmis coloniser mon compost. En revanche, j'aime beaucoup moins quand elles s'invitent partout dans la maison. La terre de diatomée est une roche sédimentaire contenant de la silice. Les particules très fines agissent comme insecticide de manière purement mécanique. Saupoudrez un peu de terre de diatomée sur le passage des fourmis, au bord des fenêtres et des portes pour les écarter. Dans la maison, la terre de diatomée est aussi efficace contre la plupart des rampants : les punaises de lit, les puces des animaux et les poissons d'argent.

Chats et chiens

Nos bêtes à poils… Si superflues. Si indispensables. On les aime, on les cajole. On les aime tant qu'on tolère leurs bêtises et l'invasion de poils partout dans la maison.

Désodoriser la litière

Le chat, cet animal merveilleux qui est propre dès son plus jeune âge ! Certes, il trouve sa litière. Mais il vous laisse le soin de la vider et de la nettoyer.

Laver avec du vinaigre

Oui, bon, ça arrive à tout le monde. Quelques jours en apnée à courir partout et la litière du chat passe toujours après. Maintenant, il y a urgence.

Matériel et ingrédients :
- Une brosse
- Un vaporisateur de vinaigre blanc

Utilisation :
1 - Vider la litière. Vaporiser généreusement de vinaigre. Laisser agir une vingtaine de minutes.
2 - Brosser si nécessaire. Rincer. Laisser sécher.

Désodoriser avec du bicarbonate

Le bicarbonate fonctionne en préventif et en curatif.
Pour éviter que l'odeur de la litière ne soit trop forte, saupoudrer généreusement le fond du bac avec du bicarbonate.
Quand le mal est déjà fait et que, non, ce soir, ça ne va pas être possible de changer la litière, saupoudrer du bicarbonate sur le dessus. En évitant la prolifération des bactéries, il empêchera aussi le développement des odeurs.

Se débarrasser des poils sur les tissus d'ameublement

C'est une évidence ! Qui dit bête à poils, dit poils. Mais ce n'est pas pour ce détail que l'on va renoncer à nos chiens et nos chats. Non mais !

Avec un aspirateur

Au risque d'enfoncer une porte ouverte, j'inscris ici l'aspirateur qui reste un moyen ultra-efficace. Et s'il est muni d'une brosse adaptée, le résultat ne sera que plus convaincant.

Avec un balai-brosse et un vieux collant

Le problème avec les brosses, c'est qu'il faut enlever les poils qui se sont déposés sur la brosse quand on a fini de nettoyer. Si on enfile un vieux collant autour de la brosse avant de frotter, les poils s'accumulent sur le collant et pas dans les poils de la brosse. Bingo !

Avec une brosse électrostatique

Il existe des brosses électrostatiques pour chats et chiens. Elles sont performantes, en particulier pour les sièges. Attention, il faut brosser toujours dans le même sens et relever la brosse à la fin de chaque ligne de brossage. Un deuxième passage dans l'autre sens aurait pour effet de redéposer les poils.

Avec un gant de toilette

Plus simple, c'est impossible ! Mouiller un gant de toilette, l'essorer et l'enfiler. Frotter toutes les surfaces à nettoyer : vêtements, sièges, tapis. Il se forme des petites pelotes de poils qu'il faut enlever au fur et à mesure.

Avec des gants de ménage

Redoutable et ultra-simple, la méthode aux gants de ménage présente aussi l'avantage de sa précision. Enfiler un gant de ménage et passer la main sur les vêtements, les sièges et même les recoins du canapé. Le retirer avant de caresser le chat, il n'aimerait pas.

Avec une brosse à daim

Frotter les coussins, les sièges, le canapé avec une brosse à daim pour les débarrasser des poils.

Enlever une tache d'urine

Je ne vous fais pas un dessin, c'est quasi inévitable dès lors qu'on a un chien ou un chat à la maison. La première chose à faire, c'est d'éponger la tache tant qu'elle est fraîche. Avec un chiffon, tamponner délicatement la partie souillée pour faire ressortir le liquide. Saupoudrer la tache de terre de Sommières. Laisser agir quelques heures à une nuit. Aspirer.

Avec du vinaigre blanc

Si la tache est incrustée, la simple absorption au bicarbonate ne suffira pas. Passer au niveau supérieur avec du vinaigre.

Matériel et ingrédients :
- Un vaporisateur de vinaigre blanc
- ½ verre de bicarbonate

Utilisation :
1 - Éponger au maximum en prenant garde à ne pas étaler la tache.
2 - Vaporiser avec du vinaigre. Tamponner avec un chiffon.
3 - Saupoudrer avec du bicarbonate. Laisser sécher. Aspirer.
4 - Renouveler les étapes 2 à 3 si nécessaire.

Avec du savon noir liquide

Matériel et ingrédients :
- Un vaporisateur
- Un sèche-cheveux (optionnel)
- ½ l d'eau chaude
- 1 ou 2 c. à s. de savon noir liquide

Utilisation :
1 - Éponger au maximum en prenant garde à ne pas étaler la tache.
2 - Verser l'eau chaude puis le savon noir liquide dans le vaporisateur. Agiter pour dissoudre le savon.
3 - Vaporiser la tache avec la solution savonneuse. Tamponner avec un chiffon. Absorber un maximum d'eau avec un chiffon sec. Laisser sécher ou sécher avec le sèche-cheveux.
4 - Renouveler l'étape 3 si nécessaire.

Écarter les parasites des paniers/couvertures

La terre de diatomée est un excellent répulsif contre les parasites. Saupoudrée dans les paniers des animaux de compagnie, elle écartera les insectes. Au revoir les puces !

DEUS

7 choses à faire tous les jours

1 • Aérer les chambres et faire les lits.
Avec une couette, ça va très vite, et un lit fait donne instantanément la satisfaction d'une chambre rangée.

2 • Prendre l'habitude de remettre à sa place tout objet dès qu'on a fini de s'en servir.
Si chacun dans la maisonnée se plie à cette discipline, on peut gagner un temps fou au moment du grand ménage.

3 • Trier le courrier.
Oui, ce truc qui s'entasse là, dans l'entrée ou sur le bureau ou pire, dans la cuisine. Il n'y a rien de plus ennuyeux que de faire face à une pile de paperasse mélangée à des prospectus publicitaires. Faire le tri au fur et à mesure rend la chose un peu moins fastidieuse.

4 • Faire un petit quelque chose tous les jours.
Se retrouver le samedi en tête à tête avec un chantier peut être décourageant. Certaines tâches sont indépendantes des autres et peuvent se faire au gré des disponibilités : changer les draps, les serviettes, faire une lessive, repasser.

5 • Ranger la cuisine après le dîner.
Parce que c'est quand même bien plus agréable d'entrer le matin dans une cuisine propre et ordonnée.
On commence par ranger les restes du repas et essuyer la table. Puis on s'attelle à la vaisselle. Quand plus rien ne traîne, on dégaine la pierre d'argile (p. 31) et on nettoie les plans de travail et l'évier.

6 • Essuyer le lavabo.
Parce que personne n'aime les traces de dentifrice.
Ça tombe bien, le spray express (p. 35) est toujours à portée de main. Deux petites vaporisations, un coup de chiffon. C'est fini !

7 • Nettoyer les toilettes.
Parce que c'est tellement plus agréable d'entrer dans des toilettes qui sentent bon le matin.
Le dernier qui passe aux toilettes saisit le spray d'entretien au quotidien (p. 58) et en vaporise sur les parois de la cuvette. Le vinaigre et les huiles essentielles font le travail pendant que vous dormez. Bonne nuit !

Index

D

E

F

G

H

I

J

T

U

V

Achevé d'imprimer en novembre 2016